Staat und Gesellschaft
unter dem Einfluss der Globalisierung

Reinhard Hildebrandt

Staat und Gesellschaft unter dem Einfluss der Globalisierung

PETER LANG
Frankfurt am Main · Berlin · Bern · Bruxelles · New York · Oxford · Wien

Die Deutsche Bibliothek - CIP-Einheitsaufnahme

Hildebrandt, Reinhard:

Staat und Gesellschaft unter dem Einfluss der Globalisierung / Reinhard Hildebrandt. - Frankfurt am Main ; Berlin ; Bern ; Bruxelles ; New York ; Oxford ; Wien : Lang, 2002
ISBN 3-631-38715-6

ISBN 3-631-38715-6

www.peterlang.de

Inhalt

1. Einleitung

Existiert der Staat über, unter, neben oder im Zentrum der Gesellschaft? Die Antworten variieren mit den wissenschaftlichen Ansätzen zur Erklärung des Verhältnisses von Gesellschaft und Staat. Wird streng hierarchisch vom Allgemeinen auf das Besondere geschlossen, nehmen entweder die Gesellschaft oder der Staat die Spitzenposition ein und bestimmen die jeweils nachgeordnete Kategorie vollständig. Für den Staat bleiben dann für die einen beispielsweise lediglich Nachhutgefechte einer dynamisch voranschreitenden Gesellschaft übrig, während ihn die anderen gerade umgekehrt sogar zum Motor der gesamtgesellschaftlichen Entwicklung erklären. Werden Gesellschaft und Staat als zwei Pole mit unterschiedlichem historischen Werdegang herausgearbeitet, steht ihre gegenseitige Angewiesenheit und Beeinflussung im Zentrum der Analyse.

Ganz ohne Staat stellt sich gegenwärtig kaum jemand das gesellschaftliche Zusammenleben vor, und das Gegenteil, die im Staat aufgegangene Gesellschaft findet spätestens nach dem Scheitern des „realen Sozialismus" nur noch wenig Befürworter. In der politischen Auseinandersetzung führen die um Einfluss ringenden Kräfte Schlagworte wie beispielsweise Neoliberalismus, rheinischer Kapitalismus, Zivilgesellschaft, demokratischer Sozialismus im Munde und bedienen sich dabei der verschiedenen theoretischen Begründungen des Verhältnisses von Staat und Gesellschaft.

Der von sozialdemokratischen Parteien viel beschworene „dritte Weg" befasst sich vor allem mit dem verbliebenen oder zu aktivierenden Aktionsspielraum des überkommenen Nationalstaats in globalisierten Märkten, womit der Diskurs über das Verhältnis von Staat und Gesellschaft zum Unterfall der Beziehungen zwischen Nationalstaat und Weltgesellschaft - in Gestalt des Weltmarktes - wird. Fragen wie z.B. wächst der Nationalstaat über sich hinaus, schlüpft er in eine neue Form oder verliert die Institution Staat ganz ihre Existenzberechtigung innerhalb weltweit selbstregulierter Märkte, werden gestellt. Offen scheint in der Tat, ob der überkommene Gegensatz zwischen Staat und Gesellschaft künftig progressiv aufgehoben wird und ob sich selbst regulierende Märkte zu einer Weltgesellschaft zusammenwachsen. Vielleicht gerät die Qualität des Gesellschaftlichen ganz ins Abseits, wie es die ehemalige britische Premierministerin Thatcher annahm?

Da Unsicherheit und Ungewissheit über künftige Entwicklungen nicht beseitigt werden können, erhalten Leitbilder des Handelns und mit ihnen verknüpfte Interessen sowie die zu ihrer Durchsetzung formulierten Strategien einen nicht zu unterschätzenden Stellenwert. So wird in der gegenwärtigen politischen Auseinandersetzung dem Leitbild der Marktgesellschaft das Leitbild der Zivilgesellschaft gegenüber gestellt und der neoliberalen Strategie zur Durchsetzung der ersten die zivilgesellschaftliche Strategie entgegen gesetzt. Wie wirksam die zivilgesellschaftliche Kampfansage ist bzw. sein könnte, ist Untersuchungsgegenstand des vorliegenden Textes.

Als erstes erfolgt ein Rekurs auf Formen des so genannten „dritten Weges“: Angesichts einschneidender neoliberaler Deregulierungsforderungen suchten entrüstete sozialdemokratische Parteien und Regierungen nach Möglichkeiten, Elemente des Sozialstaates zu erhalten und die Chancen, die sich durch den Übergang zu post-tayloristischen Arbeitsformen boten, für ihre gesellschaftlichen Reformvorstellungen zu nutzen (Kapitel 2 und 3). In einer diskursorientierten Analyse werden danach in den Kapiteln 4 und 5 Auswirkungen von Machtverschiebungen im Verhältnis von Staat und Gesellschaft auf das demokratische Zusammenleben der Menschen untersucht. Der eine Zivilgesellschaft ermöglichende Staat steht dann im Vordergrund der Analyse des sechsten Kapitels, gefolgt von einer zivilgesellschaftlichen Interpretation von Gesellschaft (Kapitel 7 und 8). Auf dieser Grundlage werden die Erfolgsaussichten der zivilgesellschaftlichen Gegenstrategie zum Neoliberalismus diskutiert (Kapitel 9).
Würde man Gesellschaften ausschließlich als Machtgebilde deuten, verschwänden zahlreiche in ihnen enthaltene Phänomene vollständig oder gerieten in ein falsches Licht bzw. blieben mehr oder weniger unterbelichtet. Jedoch ist nicht zu leugnen, dass die Kategorie der Macht eine entscheidende Kategorie zur Erklärung von Gesellschaften darstellt und von machtdurchsetzten Gesellschaften ausgegangen werden muss. Bereits die Kategorie des autonomen Subjekts als Basiskategorie der Entwicklung von Gesellschaft impliziert Macht. Im vorliegenden Text wird der Blickwinkel der Machtanalyse eingenommen, ohne dass damit anderen Sichtweisen die Berechtigung abgesprochen wird.

2. Nationalstaat und Weltgesellschaft - der dritte Weg

Die Propagierung des dritten Weges ist Resultat des in sozialdemokratischen Parteien gepflegten und mittlerweile verlorenen Glaubens an die zentrale Position des Nationalstaats in der Gesellschaft, vor allem an dessen Fähigkeit zur Planung und Steuerung gesellschaftlicher Entwicklung entlang der vom Ziel der Herstellung sozialer Gerechtigkeit vorgegebenen Grundlinien. Staatliche Planung unter Einbezug marktwirtschaftlicher Elemente sollte z.B. entsprechend der Theorien des Wirtschaftstheoretikers des Prager Frühlings, Ota Sik, sowohl die negativen Auswüchse zentralistischer Planwirtschaft des Marxismus-Leninismus vermeiden wie dem Laisser-faire-Prinzip der freien Konkurrenz drastische Schranken setzen.
Aber bereits zur Zeit der Propagierung dieser Form des dritten Weges zum Ende der sechziger und Beginn der siebziger Jahre unterliefen Unternehmen vornehmlich amerikanischen Ursprungs mit ihrem internen Handel zwischen Mutter- und Tochtergesellschaften verstärkt die Schranken der bis dahin vornehmlich auf sich selbst bezogenen, als eigenständige Zirkulationssphären auftretenden Volkswirtschaften und entfalteten für die nationale Wirtschaftspolitik ein nicht unerhebliches Störpotential. Sie beeinträchtigten z.B. mit ihren transnationalen Aktivitäten die Verwirklichung des so genannten magischen Vierecks der Wirtschaftspolitik europäischer Regierungen, unter Stabilität des Preisniveaus, der Aufrechterhaltung des außenwirtschaftlichen Gleichgewichts sowie eines hohen Beschäftigungsstandes ein stetiges und angemessenes Volkswirtschaftswachstum anzustreben (Jahresgutachten 1965/66 des Sachverständigenrats zur Begutachtung der gesamtwirtschaftlichen Entwicklung). Eine konsistente staatliche Planung für die Gesamtwirtschaft war gegen die zunehmend grenzüberschreitenden Kräfte des Marktes nicht mehr durchsetzbar. Der Staat mußte sich auf „piece meal engineering“ (Charles Lindbloms Stückwerkstechnik) zurückziehen, die Konsequenzen grenzüberschreitender privater Verfügungsmacht über Produktionseigentum und Vermögen für staatliche Planung überdenken und seinen Standort in Bezug auf die sich verändernde Gesellschaft neu bestimmen[1]. Der Diskurs über diese Fragen vermischte sich nach dem Ende des Ost-West-Konflikts (1989) mit der Frage nach dem verbliebenen Spielraum der Europäer gegenüber der einzig verbliebenen Hegemonialmacht USA. War es richtig, was das Wall Street Journal seinen Lesern 1997 empfahl: „Vergesst alles, was ihr über die Globalisierung gehört habt. Was wirklich passiert, ist die Amerikanisierung.“
Wie weit reichte der Druck, den amerikanische und britische Fondsmanager auf europäische Firmen zur Senkung von Löhnen und Sozialleistungen ausübten, um

1 Charles Lindblom, der führende Vertreter des so genannten „Neopluralismus“, sprach für hochgradig arbeitsteilige Gesellschaften jedem politischen Akteur die Fähigkeit ab, den einzig richtigen Entwicklungsgang der Gesellschaft erkennen zu können und wies z.B. 1983 auf die von großen Privatunternehmen ausgehenden Gefahren für die demokratische Ordnung hin (Josef Esser, a.a.O., S.120/121 u.138/139).

später auf Rücknahme von solchen Umwelt-, Arbeitsschutz- und Subventionsgesetzen zu dringen, die Mindeststandards überschritten? Verblieb den Europäern also nichts anderes als sich anzupassen und im Wettbewerb mit den USA um die bestmöglichen Produktionsbedingungen mit immer geringerem staatlichen Einsatz den sozialen Frieden herzustellen und im Falle von nicht verhinderten Streiks gegenüber den Fonds sogar schadensersatzpflichtig zu werden? Verwandelte sich unter der Hand bereits die soziale Marktwirtschaft zum Gläubigerkapitalismus des Shareholder Value? Hatten die Finanzmärkte in Europa inzwischen die Kontrolle über die Wirtschaft und die Gesellschaft vollständig übernommen? War unter Amerikanisierung zu verstehen, dass die europäische Währung unter die Schwelle der für eine Weltwährung notwendigen internationalen Akzeptanz gedrückt werden sollte, um beispielsweise wie bisher den internationalen Rohstoffhandel nur in US-Dollar als alleiniger Weltleitwährung fakturieren zu können? Erforderte das hohe Handelsbilanzdefizit der USA zu Lasten der amerikanischen Exportindustrie eine Politik des starken Dollar, um das Leistungsbilanzdefizit durch Kapitalimporte ausgleichen zu können? Stand hinter dem „starken Dollar“ die Erwartung der Mehrheit der Analysten, dass nur die US-Wirtschaft zur globalen Lokomotive tauge, wie auch immer die aktuelle Lage einzuschätzen sei? *Es ging und geht offensichtlich um Macht: um inner- und intergesellschaftliche Macht!*
Nach anfänglichem Aufschrei, lähmendem Entsetzen und wohlfeilen Anpassungsvorschlägen über das neoliberale „Trommelfeuer“ verteidigten sozialdemokratisch geführte europäische Regierungen die Unvergleichbarkeit europäischer Verhältnisse mit denen der Vereinigten Staaten und bezweifelten den angeblich wohlfahrtssteigernden Effekt unbegrenzter ökonomischer Dynamik und freier Kapitalmobilität sowohl für Europa wie für die USA selbst. Sie sei Folge der Ökonomisierung der Zeit, die sich in immer kurzfristigeren Preis-, Zins- und Kursfestlegungen niederschlage, demgegenüber langfristige Ziele wie die Erschließung von Märkten, die Förderung von Produktionsinnovationen oder der Abbau von Arbeitslosigkeit zweit- und drittrangig bzw. gänzlich unwichtig würden. Obwohl angesichts der über zehn Jahre ungebrochenen ökonomischen Dynamik in den Vereinigten Staaten sämtliche Einwände überhört oder als weinerliches Wehklagen abgetan wurden und noch keinswegs absehbar war, dass eines Tages die Blütenträume der von hoch riskanten Faktoren - wie neuer Technologie und Risikokapital - vorangetriebenen „New Economy“ platzen würden, machte sich der sozialdemokratische Diskurs erneut auf die Suche nach einem „dritten Weg“, um erstens den Sozialstaatskompromiss gegen die vom Neoliberalismus geforderte Rückführung des Staates auf seine angeblichen Kernfunktionen zu verteidigen und zweitens für die Positionierung des Staates innerhalb der Gesellschaft und gegen die neoliberale Forderung nach seiner Zurückdrängung auf eine gesellschaftliche Randexistenz zu kämpfen. Es folgte die Rückbesinnung auf für unverzichtbar gehaltene europäische Grundwerte und deren Überprüfung auf ihre wirtschaftliche wie gesellschaftliche Tragfähigkeit. Ein breiter Diskurs über die Neubestimmung des Verhältnisses von natio-

nalem wie übernationalem Staat auf der einen Seite und nationalen wie transnationalen gesellschaftlichen Entwicklungen auf der anderen schloss sich an. Auf diesem Hintergrund kristallisierten sich noch sehr vage folgende Merkmale heraus, z.B.:

- „Stärkung der Zivilgesellschaft und ein ´aktivierender und gestaltender Staat´ in Wirtschaft und Gesellschaft;
- Abbau der hohen Arbeitslosigkeit, um Jugendlichen eine Perspektive zu geben;
- fundamentale Reformen im Steuersystem und die stärkere Steuerung des Konsums durch spezifische Verbrauchssteuern bei Beachtung der sozialen Gerechtigkeit, die immer weniger über die Besteuerung hergestellt werden kann;
- Legitimierung des politischen Systems bei einem enger werdenden Verteilungsspielraum;
- Zusammenhalt der Gesellschaft unter den Bedingungen zunehmender Individualisierung und des Reformbedarfs der sozialen Sicherungssysteme;
- Schutz der natürlichen Lebensgrundlagen und Zusammenführung von Ökonomie und Ökologie."(Michael Müller, 1999, a.a.O.).

Neben der Neubestimmung des Staates gerieten auch Veränderungen im Arbeitsleben und deren gesellschaftliche Auswirkungen auf die angestrebte Zivilgesellschaft in das sozialdemokratische Blickfeld.

3. Selbstentfaltung und Kreativität kontra Routine und Entfremdung inner- und außerhalb des Arbeitslebens

Auf einer Tagung des Wissenschaftszentrums Berlin zum Thema „Arbeit und Ökologie" im November 2000 bilanzierte Eckart Hildebrandt die Umwälzungen im Arbeitsleben, die in einem der Tagung zugrunde liegenden umfangreichen Abschlussbericht des von der Hans-Böckler-Stiftung geförderten Verbundprojekts dreier Institute (Deutsches Institut für Wirtschaftsforschung, Wuppertaler Institut für Klima, Umwelt, Energie und Wissenschaftszentrum Berlin für Sozialforschung) aufgelistet worden waren. Negativ schlage zu Buche, dass der Anteil der Normalarbeitsverhältnisse seit 1970 auf 67 Prozent gesunken sei. Es gäbe immer mehr Teilzeitarbeiter, befristete Beschäftigte, Selbständige und Arbeitslose. Inzwischen müssten 85 Prozent der Arbeitnehmer flexible Arbeitszeiten hinnehmen. Sie leisteten Überstunden, arbeiteten am Wochenende oder in Schichten und führten so genannte Arbeitskonten. Unstete Beschäftigung, Arbeitslosigkeit und Armut würden zu einer ständigen Bedrohung des Alltags, eingeschlossen starke gesundheitliche Belastungen, vermehrter Stress, abnehmende Planungssicherheit für das eigene Leben (Bach, Ingo, a.a.O.). Die flexiblen Arbeitsverhältnisse böten dem Einzelnen aber auch mehr Gestaltungsraum. Arbeitszeit und Befriedigung individueller Bedürfnisse ließen sich besser aufeinander abstimmen. Kürzere Arbeitszeiten schüfen Freiraum für Familie und Freizeit.

Laut Abschlussbericht werden tayloristische Arbeitsformen[1] durch neue Muster ersetzt, die den Zwang zur Freiheit, zur Selbstverwirklichung der Subjektivität, zur Autonomie und zur Authentizität in sich bergen. Post-tayloristische Managementkonzepte haben den ganzen Menschen im Visier. Gezielt eingesetzte Sozialtechniken erfassen und aktivieren die Subjektivität der Beschäftigten. „Empirische Untersuchungen belegen eine zunehmende 'Subjektivierung' von Arbeit" (Abschlussbericht..., a.a.O.,S.217/237). Abflachung von Hierarchien, Team-Autonomie, Selbststeuerung und direkte Beteiligung sind Stichworte für neue Steuerungskonzepte, in denen Aushandlungsprozesse die Selbststeuerungskompetenz der Menschen positiv aufnehmen und gezielt für ökonomische Ziele des Unternehmens einsetzen. Ein „diskursives Arbeitsverständnis" integriert die Kommunikation in den Arbeitsprozess. In selbstgesteuerter Gruppenarbeit wird Engagement und Beteiligung zur Pflicht. Je höher beispielsweise der Material- und niedriger der Lohnanteil an den Herstellungskosten einer Ware ist, desto stärker fällt ins Gewicht, wieviel Ausschuss produziert wird. Motivierte und gut ausgebildete Arbeiter, die sich in den komplexen Produktionsprozess eindenken können, erkennen und lösen selbständig Fehler-

1 „Die tayloristische Arbeitsorganisation führte zur Normierung der Arbeitsabläufe und wurde dadurch im Zuge der Entfaltung der Arbeitsproduktivität zu einer organisatorischen und ökonomischen Grundlage. Der so genannte fordistische Gesellschaftsvertrag war notwendige politische und gesellschaftliche Rahmenbedingung für die Durchsetzung des Normalarbeitsverhältnisses." (Abschlussbericht..., a.a.O., Anmerkung 105, S.212).

quellen, minimieren den Ausschuss und stellen sich flexibel auf eine veränderte Produktionsorganisation ein.
Laut Martin Kuhlmann und Michael Schumann vom Sozialwissenschaftlichen Forschungsinstitut Göttingen nimmt gegenüber tayloristischen Strukturen die Solidarität der Arbeiter untereinander zu (Martin Kuhlmann/Michael Schumann, a.a.O.). Es ließen sich sogar Formen neuer Solidarität erkennen. Die Autoren beobachteten: „Bei entfalteter Gruppenselbstorganisation entstehen (...) aktiv ausgehandelte, an sozialer Vernunft orientierte Solidaritäten eines Interessenausgleichs auf der Basis demokratisch-diskursiver Problemlösungsprozesse. (...) In den Gruppen finden soziale Lernprozesse statt, die aus Sicht der Beschäftigten in starkem Kontrast zur übrigen Betriebsrealität stehen und dadurch Ausgangspunkt für eine von einem erweiterten demokratischen Selbstverständnis getragene Kritik der betrieblichen Realitäten sein können." Herrscht jedoch trotz eines vom Produktionsablauf vorgegebenen diskursiven Arbeitsverständnisses bei der Unternehmensleitung weiterhin oder wieder ein Denken in den Kategorien von Herrschaft und Abhängigkeit, eine Mentalität des hire and fire, des„Benchmarking" (absolute Orientierung an dem weltweit produktivsten Beispiel für technische Ausrüstung, Organisationsstrukturen, Rationalisierungsmethoden, ohne dessen jeweiligen gesamtgesellschaftlichen Hintergrund ausreichend zu würdigen[1]) vor, um kurzfristigen Kapitalverzinsungserwartungen von Fondsmanagern durch drastische Verschlankung der Betriebsbelegschaften, Unterdrückung von Kritik und Ausgliederung von erst längerfristig profitablen Produktionsbereichen zu dienen, untergräbt man das für ein diskursives Arbeitsverständnis notwendige Vertrauen in die Arbeitsplatzsicherheit, fördert unter den Arbeitenden den Weg in die innere Emigration, produziert unter ihnen die Mentalität, lediglich einen Job auszufüllen, und muss mit sinkenden Produktivitätsraten rechnen.
Ebenso wie im industriellen entscheiden auch im Dienstleistungssektor letztlich Machtfragen über die Art der Arbeitsorganisation. In der Wissensgesellschaft ergeben sich Chancen für Dienstleistungsunternehmen aus der Tatsache, dass die Welt der Informationen voll von Ideen und Möglichkeiten ist, zu deren Erschließung vor allem gut ausgebildete und motivierte Arbeitskräfte benötigt werden. Finanzkapital wird zunehmend durch Humankapital ersetzt. In überbetrieblichen Netzwerken tauschen die Mitarbeiter formell wie informell ihre Ideen untereinander aus und erweitern auf diese Weise ihre Problemlösungskompetenz. „Der ständig wachsende Druck, das eigene Kompetenzspektrum zu komplettieren, um so beispielsweise Marktnischen zu besetzen oder dem Kunden Komplettlösungen anbieten zu können, führt (...) zu ´Mergers and Aquisitions´, wodurch zügig neue Geschäftsfelder besetzt werden können." (Ralf Seidenstücker, a.a.O.). Die informellen Netze von

1 „Benchmarking erreicht dieses Transferpotential durch eine Ausblendung von Randbedingungen und Reformfolgen. Seine scheinbare Neutralität macht es unwiderstehlich und unverzichtbar für die Legitimation von Reformentscheidungen." (Holger Straßheim, a.a.O., S.13).

Käufern, Maklern und Verkäufern transportieren das Wissen durch ein ganzes Unternehmen und verbreiten es darüber hinaus im Eiltempo im gesamten angrenzenden Unternehmensbereich. Das operative Management eines Unternehmens hat es in der Hand, durch optimale Förderung der „Communities of Practice" zur Hebung des Wissens entscheidend beizutragen und Wettbewerbsvorteile gegenüber konkurrierenden Unternehmen zu erzielen. Das heißt vor allem die informellen Beziehungsnetze zu fördern, den Erfahrungsaustausch anzuregen, eine entspannte Atmosphäre zu schaffen, in der sich Kreativität entfalten kann, Kontrolle über die Mitarbeiter auf ein Mindestmaß zurückzunehmen. Auch hier gilt wie im industriellen Sektor, dass Standardisierungen die Produktivität erhöhen können. Wird aber letzteres gegen das erste ausgespielt, um ein Höchstmaß an Kontrolle durch das Management zu erzielen, bleibt das diskursive Arbeitsverständnis auf der Strecke.

Wenn die Bürger einer Gesellschaft in ihrem Erwerbsleben ähnliche Bedingungen vorfinden wie außerhalb der Produktionssphäre, können sich die Impulse gegenseitig verstärken und ein vielfältiges bürgerschaftliches Engagement fördern. Im umgekehrten Fall untergraben die negativen Bedingungen jegliche zivilgesellschaftliche Bestrebung. Die Studie über „Arbeit und Ökologie" sieht Anzeichen für die partielle Herausbildung eines „neuen Arbeits(unternehmer)typus". Ursächlich dafür sei die „Entstandardisierung der Normalarbeitsverhältnisse in den drei Dimensionen Arbeitszeit, Arbeitsrecht und Arbeitsort sowie die Enttaylorisierung der Arbeit". Die eröffneten „neuen inhaltlichen, räumlichen, zeitlichen und organisatorischen Freiheitsgrade in der Arbeit" müssten erst durch „Subjektivität und aktives Handeln der Arbeitenden wieder geschlossen werden". Je mehr sich die Entwicklung ausweite, desto mehr werde auch dieser neue Arbeitstyp nachgefragt. „Mit diesem neuen Arbeits(unternehmer)typus erhöhen sich die Anforderungen an die arbeitende Person (Selbstmanagement), und es eröffnen sich neue subjektive und gemeinschaftliche Gestaltungsräume, was den veränderten Ansprüchen der Beschäftigten an Erwerbsarbeit entgegenkommt."(Abschlussbericht ..., a.a.O.,S.592).

Auf dem Hintergrund von beidem, der Neubestimmung des Staates wie der posttayloristischen Arbeitsformen, mahnten die um Neuorientierung ihrer Partei bemühten sozialdemokratischen Kräfte mehr Flexibilität im Handeln der Menschen an, lehnten aber zugleich den „allseits verfügbaren Menschen" ab, wie er beispielsweise in Vorstellungen führender Persönlichkeiten des Bundesverbandes der Deutschen Industrie aus dem Jahre 1998 als das geeignete Subjekt einer „hochproduktiven Informationsgesellschaft" propagiert worden war. Der grenzenlos flexible Mensch sei der konditionierte Typ des Außengeleiteten, stets anpassungsfähig und anpassungsbereit. Er habe gelernt, Unordnung als fruchtbar anzusehen, ständig auf Kommando mobil zu sein. Mit dem Eigensinn seien ihm aber auch die kreativen Reserven ausgetrieben worden. Mit solchen leistungsbewussten Mitläufern, die jeder Herrschaft zu Diensten seien, ein hoch komplexes Wirtschafts- und Gesellschaftssystem auf die Dauer funktionsfähig halten zu wollen, zeuge von Selbstüberschätzung der Machteliten und deren rücksichtslosem Bestreben, ihre eigenen Selektionsleistungen der Masse der Bevölkerung zu oktroyieren, dabei die Autonomie jedes einzelnen in der Suche nach Selbstverwirklichung gering zu achten und die Frage nach der Erhaltung einer demokratischen Werten verpflichteten Gesellschaft in einer Zeit gewandelter wirtschaftlicher und technologischer Bedingungen für nicht mehr relevant anzusehen. Demgegenüber müsse ein Weg gefunden werden, der wirtschaftliche Effizienz bzw. Marktliberalisierung mit sozialer Gerechtigkeit auf ideale Weise verknüpft und der nicht auf ein Nullsummenspiel hinausläuft. Ein Mehr an sozialer Gerechtigkeit zu erzielen mit einem Mehr an gesamtgesellschaftlichem Wohlstand, sei das erstrebenswerte Ziel. Dieser intellektuellen Herausforderung werde man sich stellen und dem Geltungsanspruch des Neoliberalismus mit einem zivilgesellschaftlichen Konzept den Kampf ansagen. Zur Fundierung eines solchen Konzepts ist jedoch eine diskurstheoretisch orientierte Analyse von Gesellschaft und Staat und ihres Beziehungsverhältnisses unerlässlich.

4. Gesellschaft und Staat

Diskurstheoretisch lassen sich Gesellschaft und Staat von zwei unterschiedlichen, aufeinander bezogenen und in gleicher Weise gültigen Sichtweisen aus betrachten:

- als sedimentiertes Resultat vielfältiger artikulatorischer Praxen, initiiert durch widerstreitende einzelne wie assoziierte autonome Einheiten in ihrem Kampf um hegemonialen Einfluss (in der Geschichte wahrzunehmen als von den jeweiligen "hegemonialen Praxen" geschaffene Abfolge unterschiedlicher sozialer und staatlicher Formen);
- als Aufbrechen dieser institutionalisierten Machtkonstellationen im aktuellen politischen Kampf durch neue, sich erst in der politischen Auseinandersetzung herausbildende hegemoniale Formationen (einschließlich des ihnen adäquaten Ensembles relativ stabiler sozialer und staatlicher Formen).

In der so verstandenen Gesellschaft als strukturiertem Ganzen vielfältiger artikulatorischer Praxen werden weder einzelne wie assoziierte autonome Einheiten von der Fülle der Strukturen vollständig beherrscht noch bestimmt eine einzelne sich artikulierende autonome Einheit von vornherein das strukturierte Ganze. Es *findet* vielmehr das transformierende Subjekt in der politischen Auseinandersetzung erst zu seiner Identität, *akkumuliert* gleichzeitig die zur Neustrukturierung des Ganzen erforderliche Kraft, *bestimmt* sich auf jeder Stufe neu und *gewinnt* einen bestimmenden Einfluss auf andere autonome Einheiten, die beherrscht, unter-, zu- oder auch nur vorübergehend beigeordnet werden, während andere weiterhin flottieren oder in das Schwerkraftfeld anderer hegemonialer Formationen geraten. Der gesellschaftliche Transformationsprozess dominiert beide: die autonomen Einheiten wie die Struktur des Ganzen. Dieser Transformationsprozess ist in seiner Entwicklungsrichtung nicht im Voraus zu bestimmen, und welche hegemoniale Praxis die vorhergehende ablöst, erweist sich erst in der aktuellen politischen Auseinandersetzung.

In einem derart formulierten strukturierten Ganzen fällt dem Staat lediglich die unentbehrliche Mitarbeit an der Selbsterhaltung dieses Ganzen zu, und er kann darin weder als ein allem anderen übergeordnetes Zentrum noch als ein zentraler Knotenpunkt des strukturierten Ganzen begriffen werden. In seiner Selbsterhaltungstätigkeit unterliegt er gleichfalls dem allgemeinen Horizont der Veränderung. Er passt sich dem in Teilbereichen komplexer werdenden und in anderen Bereichen auflockernden Beziehungsverhältnis der autonomen Einheiten zeitverzögert an.

Jenseits seiner Tätigkeit für die Erhaltung des strukturierten Ganzen unterscheidet sich der Staat nicht von anderen autonomen Elementen. Wie sie ist er zu vielfältigen artikulatorischen Praxen fähig, in denen ausschließlich die Selbsterhaltung und Selbstverwirklichung Richtschnur des Handelns bildet. Die aus diesen Bereichen stammende Aktivität unterliegt ebenfalls seiner ständigen Suche nach potentiell zerstörerischen Entwicklungen für das strukturierte Ganze. Insofern prozessiert der Staat gegen sich selbst.

Die Art und Weise, wie der Staat den Gegensatz zwischen seiner Selbsterhaltungstätigkeit und seinen übrigen Aktivitäten, die in hegemonisierenden wie in hegemonisierten Bereichen stattfinden können, auf eine der aktuellen Struktur des Ganzen angemessene Form bringt, wird ebenso wie der gesamte Transformationsprozess im öffentlichen Raum als wechselseitiges Untergraben diskursiver Formationen ausgefochten, in denen die Autonomie des Staates sowie die Begründung und der Umfang seiner Selbsterhaltungstätigkeit für das strukturierte Ganze thematisiert werden und in dessen einheitsstiftender Sicht die autonomen Elemente lediglich in ihrer Verstreuung erscheinen[1].

Die Autonomie der Elemente resultiert nicht aus ihrer Verstreuung. Die jeweils anderen Elemente erscheinen ihnen in ihrer Vereinzelung als Elemente, die sich selbst erhalten, indem sie sich auf sich selbst beziehen und zugleich im Selbstbezug - als Widerstand gegenüber den vielfältig auf sie einwirkenden Kräften - ihre eigenen Kräfte gegen die anderen setzen bzw. entfalten müssen. Auf diese nach innen wie nach außen wirkende Selbstbezüglichkeit ist ihre Autonomie zurückzuführen. Als Basis des Selbstverwirklichungsstrebens der autonomen Elemente tritt sie in unterschiedlichen, aufeinander bezogenen Formen auf.

Für das Maß an erreich- und verteidigbarer Autonomie ist nicht unerheblich, wie stark die Kräfte sind, von denen im machtdurchsetzten öffentlichen Raum der Versuch unternommen wird, die artikulatorische Praxis der Elemente erst gar nicht zur Entfaltung kommen zu lassen oder sie gleich nach ihrem Auftauchen auf die verschiedenste Weise wieder zu untergraben. Wie dies im Einzelnen geschieht, ist abhängig von dem Geflecht hegemonialer Formationen, das sich in jeder Gesellschaft auf je spezifische Weise entwickelt hat und - neben Über- und Unterordnungs-Verhältnissen - Verhältnisse zwischen Herrschenden und Beherrschten (in denen die Selektionsleistungen der Herrschenden den Beherrschten oktroyiert werden), Zu- und Beiordnungsverhältnisse sowie freischwebende autonome Einheiten kennt.[2] Die im Streit der hegemonialen Formationen produzierte und von der Ge-

1 Für Niklas Luhmann als führendem Vertreter der Systemtheorie ist beispielsweise der Staat die Selbstbeschreibung der Politik in einer Gesellschaft ohne Spitze und Zentrum. Die Politik ist das Teilsystem der Gesellschaft, das mit der Herstellung kollektiv bindender Entscheidungen betraut ist. Die kollektive Bindungskraft der Entscheidungen setzt jedoch voraus, dass der Staat - als Einheitsformel dieses Teilsystems - eine symbolische Ordnung repräsentiert, in der die Identität des Gesamtsystems und diejenige der Subjekte zusammenfallen [Sozialintegration]. Der Staat als Repräsentant des gesellschaftlichen Gesamtsubjekts oder Steuerungssystems ist verantwortlich für Probleme, die sich für die Umwelt der Teilsysteme aus ihrem selbstbezüglichen Operationsmodus ergeben [Systemintegration]. (siehe dazu Michael Hirsch, a.a.O.).

2 Dieser gesamte Prozess ist selbstverständlich eng mit der Verausgabung von Arbeitskraft zur Bearbeitung von Gegenständen verbunden. Die damit einhergehende Artikulation der Idee, der Ausführung und abschließenden Aneignung des Arbeitsprodukts als vergegenständlichtes Selbst bestärkt die Autonomie. Beides zusammen ermöglicht die zwar unmittelbar zu erkennende, jedoch erst auf höherer Stufenleiter wirksam werdende Distanzierung von der Eigendynamik der sich selbst entfaltenden Natur. Die Distanzierungsmöglichkeit lässt ein Verhältnis zu sich selbst

sellschaft als Ganzes hingenommene strukturelle Gewalt[1] gibt nicht nur Auskunft über die Qualität und Quantität demokratischen Bewusstseins, sondern kennzeichnet den Spielraum, der in einem strukturierten Ganzen *dem Staat als institutionalisierte Kraft* eingeräumt wird, in den ***formlosen Gegenhalt*** *hegemonialer Formationen* gestaltend bzw. korrigierend mit dem Zweck einzugreifen,

- *aufsteigende hegemoniale Formationen gegen bereits etablierte zu unterstützen,*
- *Flexibilitätsspielräume und -grenzen hegemonialer Formationen ständig auszuloten,*
- *schlichtend einzugreifen (mit oder ohne Rückgriff auf das von ihm ausgeübte Gewaltmonopol),*
- *das Feld der Diskursivität bzw. den öffentlichen Raum für die Aktivierung und Reaktivierung flottierender Elemente offen zu halten.*

Die hegemonialen Formationen haben für lange Zeit in strukturierten Ganzen agiert, die von den einzelnen Akteuren vornehmlich als auf sich selbst bezogene Zirkulationssphären begriffen und erlebt wurden. Seit einiger Zeit unterliegt dieser Bezugsrahmen im Zeichen der Globalisierung einschneidenden Veränderungen, was die einen als überfällige Reduzierung des Nationalstaats und wachstumsfördernde Deregulierung feiern und die anderen als Rückkehr in längst totgeglaubte

---

entstehen, welches für die zur Autonomie fähigen Einheiten zugleich zum Ausgangspunkt für immer komplexer werdende Artikulationsformen der Differenz von Sein und Bewusstsein, Bewusstsein und Selbstbewusstsein, Selbstbewusstsein und Selbsterhaltung, Selbsterhaltung und Selbstverwirklichung wird. Da das Erkennen und Anerkennen des eigenen Selbst die Er- und Anerkennung des anderen Selbst bereits voraussetzt, ist damit zugleich die Basis gelegt für die Entfaltung von einfachsten Formen des Zusammenlebens bis hin zu komplexen Gesellschaften, in denen artikulations- und autonomiefähige Einheiten - aufgesplittet in eine Vielzahl von Elementen, einzeln oder assoziiert mit anderen - an den verschiedensten diskursiven bzw. hegemonialen Formationen beteiligt sein können. Auf der gleichen Basis beginnt die Entwicklung von Regeln des Zusammenlebens und weitet sich aus bis hin zu kodifizierten Grundrechten und Rechtssystemen, die wiederum in die artikulatorischen Praxen der Einheiten steuernd eingreifen, aber auch zur Etablierung, Stabilisierung und Nivellierung von Hierarchien eingesetzt werden können. Mit der Herausbildung des selbstverantwortlich handelnden vereinzelten Einzelnen im Gleichklang mit der Entwicklung von Gemeinschaften zur Gesellschaft wird auch der Staat auf das nunmehr entstandene komplexe strukturierte Ganze ausgerichtet.

1 In J. Galtungs Typologie der Gewalt von 1969 wird in personale und strukturelle Gewalt unterschieden und letztere in physische und psychische sowie in objektbezogene und objektlose strukturelle Gewalt unterteilt. Nach Galtung lassen sich die „Mechanismen struktureller Gewalt“ an Vorgängen wie Exploitation, Penetration, Fragmentation und Marginalisierung nachweisen. Unterdrückung und Entfremdung entsprechen weitgehend dem Gewaltpotential der strukturellen Gewalt (J. Galtung, 1971, a.a.O.). D. Senghaas präzisiert den Begriff der strukturellen Gewalt: „Von struktureller Gewalt (sprechen wir immer dann), wen Gesellschaftsordnungen derart organisiert sind, daß in ihnen soziale Ungerechtigkeit, ungleiche Lebenschancen und krasse Unterschiede in Machtpositionen und den damit verbundenen Einflußchancen zum gesellschaftlichen Ordnungs- und Existenzprinzip werden.“(D. Senghaas, a.a.O, S.117).

Zum Kern „struktureller Gewalt“: So notwendig auch Regeln sind, um einen kommunizierbaren Sinn über den Augenblick hinaus zu stabilisieren, und so unstrittig die dem Recht zukommende Funktion ist, bestimmte Zukunftsprojektionen einer Gesellschaft als Recht, und die davon abweichenden als Unrecht bzw. unberechtigte Enttäuschung zu markieren, deutet doch der erläu-

Formen des Manchesterkapitalismus verdammen, dem es mit der Wiederaufnahme eines dritten Weges zu begegnen gelte. Wieder andere rechnen den Globalisierungstrend zur Entstehung einer weltumspannenden Zirkulationssphäre hoch und postulieren den Beginn einer Weltgesellschaft voller Frieden und Eintracht, in der für große wie kleine Staaten die Existenz gleichermaßen gesichert ist.

---

ternde Zusatz unberechtigte Enttäuschung zugleich an, dass es in dem weit in die Vergangenheit zurückreichenden Entwicklungszeitraum des Rechts stets diskursive Formationen gegeben hat, deren Kodifizierungsvorschläge nicht mehrheitsfähig waren oder die trotz ihrer potentiellen Mehrheitsfähigkeit von hegemonialen Formationen mit allen verfügbaren Mitteln frühzeitig in ihren Wirkungsmöglichkeiten beschnitten bzw. untergraben wurden, so dass ihre Rechtsvorstellungen dennoch Unrecht geworden sind. Aufgrund ohnmächtigen Verzichts auf Revidierung mag im Laufe der Zeit in diesem und jenem Fall sogar Gewöhnung an das einmal kodifizierte Recht entstanden sein, so dass durch allmähliche Rückverwandlung von Unterdrückung in Unterordnung daraus schließlich ein allgemein akzeptierter Bestandteil der Rechtstradition geworden ist.

Aber selbst dann, wenn hegemoniale Formationen antagonistische diskursive Formationen nicht unter Einsatz aller Verdrängungs- und Unterdrückungsmechanismen untergraben haben, trägt bereits jede in eine rechtliche Form gegossene Stabilisierung von Zukunftsprojektionen den Keim struktureller Gewalt in sich: sie greift in den urwüchsigen Verlauf eines komplexen gesellschaftlichen Prozesses ein und be- oder verhindert andersartige Entwicklungen. Mit dieser Feststellung wird nicht etwa dem urwüchsigen Verlauf Priorität zuerkannt, sondern lediglich festgehalten, dass ein Eingriff andere - mittel- und langfristig in ihrer Bedeutung nicht immer vorhersehbare - Entwicklungen abschneidet. Jeder bevorstehende Eingriff ermuntert eine mehr oder weniger große Anzahl divergierender artikulatorischer Praxen zum Wechselspiel konträrer diskursiver Formationen, unter denen schließlich nur eine in die Form des Rechts gegossen wird. Das Ausscheiden der unberücksichtigt gebliebenen Entwicklungswege und -potentiale ist dann zweifellos als potentieller Verlust zu beklagen. Diesen zu Unrecht gewordenen andersartigen Zukunftsprojektionen, die sich aus der Retrospektive betrachtet vielleicht sogar als die besseren Alternativen erwiesen hätten, ist durch Nichtberücksichtigung ihre Umsetzung in die Praxis verweigert worden. Da aber andererseits auch nicht ausgeschlossen werden kann, dass der Selbstlauf vielleicht sogar weit unbefriedigendere Resultate hervorgebracht und infolge dessen einen hohen Nachsteuerungsbedarf erzeugt hätte, stellt der Eingriff letztlich ein unvermeidliches Übel dar.

5. Der formlose Gegenhalt hegemonialer Formationen als ein Grundpfeiler gesellschaftlichen Zusammenlebens

In der grundlegenden Definition von Gesellschaft als strukturiertem Ganzen vielfältiger artikulatorischer Praxen ist das Neben- und Nacheinander institutionalisierter Machtkonstellationen, ihr kontinuierliches Verfestigen und Aufbrechen im politischen Kampf hegemonialer Formationen konstitutiv. Die zur Artikulation und Autonomie fähigen Einheiten, die selbst in eine Vielzahl von Elementen aufgespalten sind und an den verschiedensten diskursiven bzw. hegemonialen Formationen beteiligt sein können, entfalten in ihren artikulatorischen Praxen ein hohes Maß an gesellschaftlicher Komplexität, das sowohl auf der Ebene des Diskurses wie auf der Ebene des organisatorisch wie institutionell sedimentierten Resultats durch Herrschaft und Beherrschung, Über- und Unterordnung, Zu- und Beiordnung und durch Konsens wie Dissens über selbstgesetzte wie historisch übernommene Regeln des Zusammenlebens - bis hin zu kodifizierten Grundrechten und Rechtssystemen - geprägt ist und die diskursnahe und diskursferne Lebenswelt umschließt[1]. Der stets zu erneuernde *formlose* Gegenhalt ist gefährdet, wenn entweder partiell und zeitlich befristete Herrschaft Absolutheitscharakter gewinnt, oder die Gesellschaft durch dominant werdende Über- und Unterordnung zur Gemeinschaft[2] degeneriert, oder der Streit über die Regeln des Zusammenlebens keinerlei Konsens mehr erzeugt, denn

- absolute Herrschaft hebt sich selbst auf,
- verbreitete Über- und Unterordnung unterminiert die für eine lebendige Gesellschaft notwendige Diskursvielfalt,
- unüberbrückbarer Streit über Regeln des Zusammenlebens sprengt das Zusammenleben.

---

1 „Die mit dem Korporatismus-Begriff operierende Forschung hat eindrucksvoll gezeigt, daß ... Wechselwirkungen zwischen öffentlicher Gewalt und privaten Interessen nicht nur sozusagen in den besten Familien: d.h. in Gesellschaften mit einwandfreiem demokratischen Ruf, vorkommen, sondern daß ihre gelegentliche Abwesenheit statt als Normal- oder Idealfall als extreme Ausprägung eines Wirkungsverhältnisses aufgefaßt werden muß, *das auch dort ein solches ist, wo es aufgrund historischer oder anderer Kontingenzen in seiner Nichtexistenz besteht* ... 'Funktionierende' Zivilgesellschaften, die über ein hohes Maß vorstaatlicher kollektiver Handlungsfähigkeit verfügen, sind deshalb gerade nicht staatsfreie Gesellschaften; sie sind hochorganisiert, aber nicht allein aus sich selbst heraus; und zusätzlich zu der freiwilligen Beteiligung ihrer Bürger steht ihnen die Möglichkeit zur Verfügung, als Mittel zur Strukturierung ihrer Interessen und Interessengegensätze auf legitimen Organisationszwang zurückzugreifen ... Demokratie erscheint damit als eine Regierungsform, *in der die zivile Gesellschaft sich zu ihrer Selbstorganisierung staatlicher Mittel bedienen kann, ohne dafür mit ihrer Unabhängigkeit gegenüber dem Staat bezahlen zu müssen.*“(Wolfgang Streeck, a.a.O.).

2 In Gesellschaften sind eine mehr oder weniger große Anzahl von Gemeinschaften eingelagert, die nach dem Prinzip von Über- und Unterordnung funktionieren. Bleibt dieses Prinzip auf sie selbst begrenzt, ist die Gesellschaft in ihrem Bestand nicht gefährdet.

Es stellt sich die Frage, ob die zunehmende Entgrenzung des nationalgesellschaftlichen Raums zu einer Entwicklung führt, in der von den nunmehr global agierenden hegemonialen Formationen der formlose Gegenhalt nicht mehr aus sich selbst heraus hergestellt werden kann?
Welchen Folgen ergeben sich daraus für die Gesellschaft?

5.1 Shareholder Value - Ein Weg zur absoluten Herrschaft?

Bezogen auf die Diskussion über globalisierte Märkte und den auf ihnen agierenden globalen Unternehmungen sind nur in wenigen Bereichen oligopolistische Tendenzen zu erkennen. Generell jedoch ist festzustellen, dass weltweit engagierte Unternehmen - wie beispielsweise DaimlerChrysler - Teile ihrer vormals vielfältigen Tätigkeitsfelder ausgliedern, sich weltweit auf das Marktsegment Automobilproduktion (vom Kleinwagen bis zum Schwerlasttransporter) konzentrieren, darin ein Höchstmaß an Variabilität auf der Grundlage standardisierter Grundformen anstreben und aus Gründen des Wachstums und der Risikominimierung mit Produktion und Vertrieb auf allen relevanten Weltmärkten vertreten sein wollen (letztes Beispiel die Beteiligung von DaimlerChrysler an Hyundai Motor).
Ihr bis in die achtziger Jahre beobachtbares Streben nach Ausdehnung der Aktivitäten auf unterschiedliche Produktionsfelder (Bildung von Konglomeraten) entsprach noch weitgehend der Optimierung ihrer Profite innerhalb nationalgesellschaftlich ausgerichteter Zirkulationssphären und geschah z.B. in der Bundesrepublik Deutschland in enger Kooperation mit Banken, die aufgrund zahlreicher Aufsichtsratsposten über einen umfassenden Einblick in die Rentabilität der Unternehmen verfügten und auf Druckausübung über den Kapitalmarkt verzichten konnten.
In der ersten Hälfte der neunziger Jahre verminderten sie entsprechend der Prinzipien der „Lean Production" ihre Produktionskosten vornehmlich zu Lasten ihrer Zulieferer (Preisdrückerei) wie der Allgemeinheit (Autobahn als Lagerhalle[1], olympiareife Belegschaften durch Frühpensionierung). Als nächstes senkten sie mittels Reengineering ihre auf der Geschäftsebene angesiedelten Bereiche und gingen dazu über, starre funktionale Organisationsformen durch produkt- und prozessorientierte Organisationsformen zu ersetzen. Mit der Auslagerung von Aktivitäten in selbständige Einheiten (Outsourcing) lenkten sie ihren Blick auf besonders profitable bzw. stärker kostenintensive Unternehmenssektoren sowohl im verbliebenen Kernbereich wie in den verselbständigten Sektoren. Die veränderten dezentralen Unternehmensstrukturen erforderten neue Controlling- und Managementanreizsysteme, womit das Feld für die Übernahme der in den USA schon seit längerem praktizier-

1 Der Opel-Gesamtbetriebsrat zu den betrieblichen Auswirkungen der Blockaden und Streiks der Spediteure gegen hohe Dieselpreise: „Derzeit liegt der Puffer für bestimmte Teile lediglich bei vier- bis fünf Stunden ... Ein Großteil des Lagers befindet sich bei der Anwendung der schlanken Produktion mittlerweile auf der Autobahn oder auf der Schiene." (Frankfurter Rundschau,16.9.00).

ten Konzepte des Shareholder Value vorbereitet wurde. Jene Konzepte forderten von den Unternehmensführungen - aus Gründen größerer Transparenz - Quartalsberichte mit voller Bilanz- und Ertragsrechung, die Einführung und Berücksichtigung von subtilen Mess- und Kontrollinstrumenten zur Messung des Economic Value Added, des Market Value, der Errechnung des Discounted Cash Flow zur Projizierung von Zukunftsentwicklungen in die Gegenwart, der Ermittlung der Kapitalkosten für jede Teileinheit eines Gesamtunternehmens und der Rentabilität von Forschungsprojekten (Nikolaus Schweickart, a.a.O.). Sie lockten die Manager aber auch mit Optionen auf Neuemissionen von Aktien und anderen geldwerten Vergünstigungen.

Diese Konzepte waren von Investment- und Pensionsfondsmanagern entwickelt worden, um den Aktien- und herkömmlichen Optionshandel sowie das spekulative Geschäft mit Derivaten so profitabel wie möglich zu gestalten. Als Konsequenz verloren Bankkredite zur Finanzierung von Investitionen gegenüber Geschäftsübernahmen und Großfusionen mittels Aktientausch sowie der Neuausgabe von Aktien und Anleihen an Rang, so dass die jährlich ausgeschütteten Gewinne pro Aktie mit dem Ziel einer hohen Eigenkapitalrendite und das erreichte Kursniveau an den Weltbörsen (Marktwertsteigerung) eine hohe Bedeutung für die Beurteilung und Wertschätzung der Unternehmen erhielten.

Einher mit dieser Entwicklung ging die Auflösung so genannter „stiller Reserven" zu Gunsten spekulativer Geldmarktgeschäfte und die Ablösung von traditionellen Sparguthaben durch höherverzinsliche Geldanlagen, was den täglich anfallenden Strom nach Anlage suchenden Geldes weiter in die Höhe trieb, so dass mittlerweile die Börse zum maßgeblichen Indikator für Wirtschaftskraft und ökonomischen Erfolg aufgestiegen ist. Laut Saskia Sassen verwalteten 1998 institutionelle Geldanleger global ca. 12 Billionen Dollar; London, New York und Tokio notierten Ende 1997 ein Drittel des weltweiten Aktienvermögens unter institutioneller Verwaltung; London und New York wickelten zusammen über die Hälfte des weltweiten Devisenmarktes ab, was bedeutet, dass die Globalisierung von Finanz- und Unternehmensdienstleistungen in ein Netz strategischer Standorte eingebettet ist, die selbst wiederum teilweise in nationalen Territorien verankert sind (Saskia Sassen, 1999, a.a.O.).

Begleitet war diese Entwicklung zur weltweiten Bevorzugung des Faktors Kapital von einer starken Schwächung der Gewerkschaften, denen die Organisierung der in Dienstleistungsbereichen Beschäftigten nur sehr unzulänglich gelang[1], so dass sowohl innerhalb der einzelnen hegemonialen Formationen wie in deren gesellschaft-

1 „In den Start-ups ist das Image von Gewerkschaften denkbar schlecht. ... Die Firmen, die am Neuen Markt notieren und dorthin streben, sind eine nahezu gewerkschaftsfreie Zone. Selbst dort, wo sich vereinzelt Betriebsräte gründeten, blieb die Gewerkschaft meist außen vor. ... Die Strukturen der Gewerkschaften sind nicht auf eine Rolle als Dienstleister angelegt. Wie in jeder politischen Organisation geht es in erster Linie um die Verteilung und den Erhalt von Macht. Zentralistisch und hierarchisch organisiert, funktionieren die internen Prozesse langsam - und in der Regel von oben nach unten."(Christiane Mattauch, a.a.O.).

licher Rangfolge die jeweils mit Geld- bzw. Kapital assoziierten Formationen ein immer stärkeres Gewicht gewannen. Gesellschaftsübergreifend hat sich eine drastische Verschiebung zu Gunsten der Beachtung und Wertschätzung akkumulierten Kapitals ergeben. Im Jahre 1999 stiegen z.B. die globalen Geldvermögen um fast 25 Prozent an, wohingegen die Weltwirtschaft nur um knapp 5 Prozent wuchs. Die alte Frage der Kaufkrafttheorie, woher denn längerfristig die Käufer der grenzübergreifenden Exportoffensiven kommen sollen, wenn in den Import- und Exportländern zunehmende Massenarbeitslosigkeit und Ausbreitung des Sektors der Niedrigverdienenden die zahlungsfähige Nachfrage regional wie weltweit sinken lassen, wird mit dem luftigen Hinweis auf das Saysche Theorem der angebotsinduzierten Nachfrage bis hin zum erneuten Ausgleich von Angebot und Nachfrage wenig beweiskräftig beantwortet und im Übrigen mit dem Argument abgeschmettert, dass Löhne zuerst als Kostenfaktor in die Betriebskalkulation eingehen würden, ehe sie die zahlungsfähige Nachfrage erhöhten.[1] Hegemoniale Formationen, die weltweit im Konkurrenzkampf untereinander stehen, sind eben vornehmlich am Ausbau des speziellen Terrains interessiert, das ihnen die Möglichkeit zur Entfaltung geboten hat. Die verschiedenen über-, neben-, unter- und durcheinander existierenden hegemonialen Formationen untergraben sich ständig gegenseitig und treiben auf diese Weise das strukturierte Ganze voran und auch über sich selbst hinaus. Das Handeln einzelner ihrer Akteure ist an die je spezifischen Entstehens- und Vergehenszeiten der einzelnen hegemonialen Formationen gebunden und reicht nicht über deren

1 Obgleich zwischenzeitlich insbesondere in den Vereinigten Staaten aktienkurs- und dividendenbedingte Einkommenszuwächse und ausgiebiger Gebrauch von Kreditkarten zu einem seit Jahren anhaltenden Anstieg der zahlungsfähigen Nachfrage geführt hatten, war absehbar, wann der aufgrund steigender Aktienkurse entstandene Buchgewinn bei fallenden Kursen wieder zusammenschmolz, Kreditkarteninhabern gewährte Kreditlinien zurückgenommen werden mussten (der durchschittliche US-Verbraucher besitzt zehn Kreditkarten), Gehaltsbonusse auf ein Minimum reduziert wurden, Arbeitslosigkeit um sich griff. Die euphorische Kauflust der Vergangenheit ist inzwischen in erzwungene Kaufzurückhaltung umgeschlagen und die hohe Schuldenlast der privaten Verbraucher (ungefähr ein Drittel des Jahreseinkommens) kaum noch rückzahlbar; ganz zu schweigen vom Frust der Rentner, die ihre auf Aktienbesitz basierende Alterssicherung gefährdet sehen. Die von den USA ausgehende Umschichtung von Geldvermögen hat zweifellos für lange Zeit neue zahlungsfähige Nachfrage erzeugt. Für die USA galt für mehrere Jahre: „Ausgegeben wird selbst Geld, das man noch nicht hat. Weil zunehmend nicht nur die Ersparnisse aufgebraucht, sondern auch die Kreditlinien ausgeschöpft sind, bieten immer mehr Kaufhäuser ihre Ware für zunächst ein Jahr kostenfrei an - die erste Rate ist erst in zwölf Monaten fällig. Die Kunden greifen dankbar zu. Es kann ja nur besser werden." (Dietmar Ostermann, a.a.O.). Schlägt die inzwischen eingetretene Zurückhaltung der Konsumenten in Misstrauen um, könnte die Gefahr heraufziehen, dass - wie seit längerem in Japan - selbst niedrige Zinsen dem privaten Verbrauch nicht mehr auf die Beine helfen. In Japan ist der Handlungsspielraum der Geldpolitik seit langem ausgeschöpft und fiskalische Maßnahmen haben sich als unwirksam erwiesen. Japans Wirtschaft stünde vor der größten Kontraktion seit Beginn der neunziger Jahre, erklärte der Chef-Ökonom des Mitsubishi-Research Institute, Johsen Takahashi: „Japan steht vor einer extrem schwierigen Reise", einer Rezession (Tagesspiegel,12.6./3.7.01).

äußerste Grenzen der Flexibilität hinaus. Nicht die Erhaltung der strukturierten Ganzen bzw. der Gesellschaften, die die Grundlage ihrer vielfältigen artikulatorischen Praxen bilden, steht im Vordergrund ihres Tuns, sondern die aktive Ausformulierung und Gestaltung der hegemonialen Formation bzw. die Verwirklichung eines bestimmten Ensembles relativ stabiler sozialer Formen.
Man sei zwar am Allgemeinwohl interessiert, gab Arend Oetker zu erkennen, aber der Beitrag der Unternehmen werde durch den globalen Wettbewerb behindert. Die Formulierung eines Verhaltenskodex, der alle Unternehmen darauf verpflichtet, „sich künftig für die Einhaltung der international vereinbarten Gewerkschafts- und Menschenrechte, den Umwelt- und Verbraucherschutz sowie den Kampf gegen die Korruption einzusetzen", entstammt daher nicht der Feder der transnationalen Unternehmen, sondern wurde von Fachministern der 29 OECD-Staaten formuliert, die diese Leitlinien auf ihrer Pariser Tagung im Juni 2000 beschlossen haben (Frankfurter Rundschau, 28.6.00). Sie konnten die Unternehmen lediglich darum bitten, sich daran zu halten, was einige von ihnen inzwischen versprochen haben.
Ob das innergesellschaftliche Gleichgewicht der vom enormen Machtzuwachs des akkumulierten Kapitals betroffenen Gesellschaften tiefgreifend gestört ist, fragen sich zwar auch Akteure global agierender Unternehmen[1], aber die Wiederherstellung des Gleichgewichts wird dem Staat aufgetragen, und zwar nicht als Problem, wie die „Macht der Ökonomie" gesellschaftspolitisch bewältigt werden könne, sondern als Aufgabe, die „Ökonomie der Macht" voranzutreiben, indem man z.B. die Angst der Bevölkerung vor Abstieg und Deklassierung zum Hebel für Fortschrittsdynamik umformt oder die Kommerzialisierung der Kultur ins Auge fasst.
Das Management globaler Unternehmen klagt gegenwärtig über ganz andere Sorgen, z.B. über die hohen jährlichen Renditeerwartungen zwischen 15 und 20%. Erfülle man den Gewinndruck nicht, der von den „Agenten der Kurzfristigkeit", den Managern der Pensionsfonds ausgehe, verliere man sehr bald die Gunst der Aktionäre. Das Konzept des Shareholder Value behindert in der Tat unternehmerisches Denken, das am langfristigen Wohl des Unternehmens orientiert ist (langfristige Wertschaffung) und verleitet z.B. zu kurzfristigen Kostensenkungsprogrammen.[2]

1 So fragte sich der Sprecher der Deutschen Bank, Rolf-E. Breuer, ob der Sozialdarwinismus der Marktliberalen die Kohäsion der Gesellschaft untergraben könnte (Die Zeit, 21.10.99).

2 „Fondsmanager müssen jedes Jahr den Aktienindex schlagen, an dem sie sich messen. Die wenigsten haben - wie der berühmte amerikanische Investor Warren Buffet - einen Zeithorizont von fünf Jahren und halten auch in schwierigen Phasen an den Aktien fest. Die meisten Fonds schichten ständig um. Der Kapitalmarkt prüft die 'Story' des Unternehmens auf ihren realen Gehalt. Wenn sie gut ist, wird die gesamte Zukunftserwartung in den Aktienkurs von heute gesteckt. Der Kurs explodiert. Irgendwann kann der Unternehmer nichts mehr drauf setzen und der Portfoliomanager verkauft die Papiere. Er kann ja in ein neues Unternehmen mit einer neuen Story investieren. Der Zeithorizont des Kapitalanlegers unterscheidet sich fundamental von dem eines Unternehmers, der seinen eigenen Weg geht und seine Strategie erfüllen möchte. ... Kapitalanleger etablieren Mechanismen und Regeln, die der geschäftlichen Entwicklung eines Unternehmens Zwänge auferlegen, die das Geschäftsmodell nicht trägt. ... Ein Unternehmen soll sich

Von allen langfristig profitablen Unternehmensbereichen entkleidete ausgehöhlte Industriegiganten, die mit veralteter Technologie auf der Basis wiedereingeführter tayloristischer Produktionsmethoden und niedriger Löhne zunehmend unverkäufliche Massenware produzieren, sowie exportintensive Produktionsinseln in zunehmend zerfaserten Zirkulationssphären, in denen die Vorteile regionaler Branchenverflechtung und Kompetenzen zu Gunsten der weltweiten Ausrichtung degeneriert sind, könnten das künftige Resultat des Shareholder Value sein. Zu besichtigen ist diese Entwicklung zum Teil bereits in Brasilien. Unter neoliberalem Vorzeichen wurde das Land zu Beginn der neunziger Jahre für den Weltmarkt geöffnet. Die brasilianische Regierung privatisierte die Staatsmonopole, öffnete den heimischen Finanzmarkt, riss die Zollschranken nieder und beseitigte zahlreiche Zugangssper-

aber nicht daran orientieren, was Kapitalgeber gerade für en vogue halten. Es muss sich darauf konzentrieren, aus den Mitarbeitern, Produkten und Technologien aus dem Inneren des Unternehmens das Beste zu machen. ... Die Frage ist, wieviel Zeit widme ich als Vorstand der inneren Entwicklung meines Unternehmens und wieviel Zeit verwende ich auf die externe Kommunikation und Verhandlungen? Wenn ein Vorstand den überwiegenden Teil seiner Zeit auf Investor Relations, Aquisitionen und andere externe Dinge verwendet, ist das fragwürdig. Es geht zwar schneller, ein Unternehmen zu akquirieren, als etwas mit eigenen Fähigkeiten zu entwickeln. Wenn wir das ausschließlich tun, leidet darunter aber die Fähigkeit, innere Kräfte zu mobilisieren. Am Ende sind die Mitarbeiter nicht mehr in der Lage, Eigenes zu entwickeln. Dann bin ich als Unternehmer Portfoliomanager. Umgekehrt liegt das Heil eines Unternehmens auch nicht darin, es zu zerlegen und jemanden zu verkaufen, der es angeblich besser machen kann. Das ist eine Bankrotterklärung der eigenen Fähigkeiten." (Dieter Heuskel, Vizepräsident Boston Consulting, a.a.O.). Die Bundesbank weist in der Auswertung einer Umfrage darauf hin, dass sich Fondsmanager in erster Linie im Bann der Marktdynamik bewegen, „und zwar auch diejenigen, die sich bei der Anlage ausdrücklich nach Fundamentaldaten richten" (Frankfurter Rundschau, 26.4.01).
Porsche-Chef Wendelin Wiedeking antwortete in einem Zeit-Gespräch auf die Frage, warum andere Manager nicht ebenso wie Porsche Quartalsberichte verweigerten: „Die Banken - die ja die Deutsche Börse AG besitzen - können keinen Druck auf uns ausüben, weil wir keine Kredite aufgenommen haben." Auf die Frage nach den Regeln der Weltwirtschaft, die von den USA vorgegeben würden, lautete seine Antwort: „Wir müssen nicht alles so machen wie die Amerikaner. ... Ich glaube fest daran, dass wir in Deutschland oder in Europa auch unsere Stärken haben. Wir haben uns doch in der Vergangenheit oftmals darüber amüsiert, dass ein Unternehmensführer in den USA sich an Quartalsergebnissen zu orientieren hat." Seine Kommentierung zum Scheitern der EU-Übernahmerichtlinie, die den Vorstand im Falle einer feindlichen Übernahme zur Neutralität verpflichten wollte, lautete: „...Ich halte es für einen Wahnsinn, dem Finanzmarkt zuliebe einem Vorstand Handschellen und einen Maulkorb anzulegen, wenn sich einer aufmacht, das Unternehmen zu kaufen. Ich bin doch als Vorstand auch meiner Belegschaft verpflichtet und muss meine Aktionäre auf die Fallen in so einem Angebot hinweisen. Schauen Sie sich doch mal die Schlacht Vodafone/Mannesmann an ... Mannesmann, ein über Jahrzehnte gewachsenes Unternehmen, ist heute zerschlagen. Es kann doch nicht wahr sein, dass das Filetieren von Unternehmen Schule macht! Hinter der feindlichen Übernahme steht der Drang, mit wenig Aufwand schnell das Tafelsilber eines Unternehmens zu plündern und den Rest dann wegzuschmeißen. ... Diese Mentalität stört mich gewaltig. Außerdem ist das volkswirtschaftlich ein Minusgeschäft. Wir verlieren dadurch Beschäftigung und zerstören das, was sich über Jahrzehnte harmonisch gefügt hat." (Wendelin Wiedeking, a.a.O.).

ren für die Anlage ausländischen Kapitals. Als Gegenleistung erwartete man aufgrund der im internationalen Vergleich niedrigen brasilianischen Löhne drastisch steigende Beschäftigungszahlen in den Montagewerken der großen Industrie-Multis sowie der ihnen vorgelagerten heimischen Zuliefererbetriebe und industrienahen Dienstleistungsbereiche. In den folgenden zehn Jahren steigerten internationale Konzerne ihren Anteil am Bruttoinlandsprodukt von 8 auf 20 Prozent. Viele heimische Unternehmen konnten dem Kapital und Know-how der Neuankömmlinge nicht stand halten. Sie verschwanden vom Markt und mit ihnen zahlreiche Arbeitsplätze. Insgesamt sind mehr Arbeitsplätze in den privatisierten Staatsmonopolen und der untergegangenen heimischen Industrie verlorengegangen als neue und nicht immer hochwertige Jobs vom hereinströmenden Kapital geschaffen wurden. Aus dieser Entwicklung kann nicht der Schluss gezogen werden, dass Staatsmonopole gut und Arbeitsplätze in Staatsmonopolen in jedem Falle erhaltenswert seien, wohl aber kann die Einsicht gewonnen werden, dass Umsteuerungsmaßnahmen auf ihre gesamtgesellschaftlichen Auswirkungen zu überdenken sind, bevor sie in Szene gesetzt werden. Die „globalisierte" brasilianische Gesellschaft zerfällt jedenfalls mehr als zuvor in wenige Gewinner und zahlreiche Verlierer (Carl D. Goerdeler, a.a.O., William Pfaff, a.a.O.).
Das Resultat neoliberaler Marktdominanz widerspricht selbst in den USA und Großbritannien den Prophezeiungen der Neoliberalen. Wiedererstanden ist dort im Rahmen der Ausdehnung des Dienstleistungssektors auch die Dienstbotenklasse (Gärtner, Kindermädchen, Köche, Wachmänner, aber auch Einpacker in Supermarktketten, Boten aller Art), die mit Niedriglöhnen rund um die Uhr dem Existenzminimum hinterherjagen.[1] Sie waren vorher in Sektoren außerhalb der niederen Dienstleistungen tätig und stellen die „Effizienzopfer" des „Turbo-Kapitalismus" (Edward Luttwak) dar, dessen Ziehkind die High-Tech-Industrie mit ihrem Beschäftigungsanteil von lediglich drei Prozent aller Erwerbstätigen der USA ist (Edward Luttwak, a.a.O.). Für die beiden angloamerikanischen Länder hält Luttwak fest, dass sie die Frage, wer wem zu folgen habe, die Ökonomie der Gesellschaft oder umgekehrt, klar zu Gunsten der Vorreiterrolle der Ökonomie entschieden hätten. „In Amerika und England gilt als selbstverständlich, dass die Gesellschaft sich anpassen muss - wie ein Stück Knetmasse"(ebd.). In den USA könne man jedoch auf starke soziale Kontrollen zurückgreifen: „Erstens steckt man die Verlierer ins Gefängnis - dann tauchen sie nicht in der Arbeitslosenstatistik auf. Viel

1 Nach R. Freeman und R. Schettkat existieren im amerikanischen Dienstleistungssektor jedoch nicht nur die „McDonald's-Jobs", sondern darin enthalten sind ebenfalls die hoch bezahlten „McKinsey-Jobs". „US-Unternehmen beschäftigen entsprechend der amerikanischen Bildungsstruktur mehr gering qualifizierte, aber gleichzeitig auch mehr hoch qualifizierte Arbeitnehmer, während deutsche Firmen auf ein homogeneres Arbeitskräftepotential zurückgreifen." Die Testwerte in der Fähigkeit, geschriebene Informationen in Text und Zahlen zu verstehen, liegen beim unteren Zehntel der amerikanischen Bevölkerung bei 64 Prozent des Durchschnitts und bei der deutschen Bevölkerung bei 80 Prozent (Freeman, Richard/Schettkat, Ronald, a.a.O.).

wichtiger ist aber zweitens, dass unsere Turbokapitalisten von einem wirklich starken Kartellrecht in die Schranken verwiesen werden."(ebd.). Außerdem profitieren laut Luttwak die Verlierer von einem Rechtssystem, bei dem die Anwaltskosten nicht vorrangig den Kostenaufwand widerspiegeln, sondern den Erfolg.
Die negativen Begleiterscheinungen neoliberaler Praxis[1] haben Weltbank und Weltwährungsfonds zur Änderung ihrer Position bewegt, obgleich noch abzuwarten bleibt, wie sich beide Institutionen verhalten, wenn der Schutz der Armen Subventionen erfordert, die mit den bislang verfolgten Strategien nicht übereinstimmen.
Ausgesorgt haben in der Zwischenzeit in Brasilien und anderswo die lebhaft klagenden Manager, die von den USA ausgehend sich weltweit immer fürstlichere Gehälter zubilligen und bereits nach etwa zehn Jahren nicht mehr arbeiten müssen, während sie in den Betrieben immer mehr frustrierte Belegschaftsmitglieder zurücklassen, die aufgrund des herrschenden Hire-and-Fire-Systems und fehlgeschlagener Fusionen ihre Talente ruhen lassen und jegliches Interesse an der Prosperität ihres Unternehmens verloren haben. „Alle historische Erfahrung lehrt", erinnert Robert Misik, „daß ein hoher Grad an sozialer Ungleichheit ökonomischer Dynamik zumindest langfristig abträglicher ist als eine eher egalitäre Verteilungspolitik. Ein hoher Grad an Ungleichheit führt nicht nur dazu, daß ein wachsender Teil der Bevölkerung aus dem produktiven Prozess herausfällt, er verfestigt diese Exklusionen über die Jahre - und die Genealogie der Generationen hinweg zusätzlich. Dies produziert soziale Kosten." (Robert Misik, a.a.O.).
Ein hoher Grad an sozialer Ungleichheit ist deckungsgleich mit dem Bemühen kapitalorientierter hegemonialer Formationen, weltweit ein ihnen adäquates Ensemble sozialer und staatlicher Formen zu errichten. Darin wären ihre Zukunftsprojektionen zu Lasten der rangniedrigeren Formationen wie der Hegemonisierten innerhalb der jeweiligen Formationen verbindlich geworden. Das zu ihren Gunsten verschobene gesellschaftliche Machtgefüge beruht auf der Zulassung vermehrter struktureller Gewalt, ruft sowohl passives Verweigerungsverhalten wie aktiven Widerstand bei den Beherrschten hervor und bedarf zur Erhaltung des sozialen Friedens zunehmender Gewaltmaßnahmen bis hin zum Einsatz gedungener Todesschwadrone. Gebrochener Widerstand erzeugt Ausweichverhalten der Gedemütigten und verleitet die Herrschenden im Gegenzug zu neuen, die Lebensbedingungen der Beherrschten weiter einengenden Duldsamkeitsproben. Bricht schließlich in der Spirale von immer aggressiverer Gewaltausübung und zunehmendem Ausweichverhalten jeglicher aktive Widerstand in sich zusammen, wird - aus der Sicht der Herrschenden das weniger Angriffsflächen bietende - ausweichende Verhalten der Beherrschten zum alleinigen Gegenpol der Gewaltherrschaft. Herrschaftsausübung sieht sich einer immer weniger zu dirigierenden Passivität der Beherrschten gegen-

1 Für die Bundesrepublik Deutschland stellt der Armuts- und Reichtumsbericht der sozialdemokratischen Bunderegierung für den Zeitraum von 1973 bis 1998 eine deutliche Zunahme der Ungleichheit fest (Der Armuts- und Reichtumsbericht ist in Auszügen abgedruckt in: Frankfurter Rundschau, 25.4.01).

über und verliert schließlich ganz die Fähigkeit, die eigenen Selektionsleistungen auf die Beherrschten zu übertragen.
Demgegenüber harmoniert ein niedrigerer Grad an Ungleichheit mit Diskursvielfalt und einem höheren Maß an gesellschaftlicher Mobilität, denn hegemoniale Formationen sind per definitionem Herrschaft auf Zeit, ständig gefährdet sowohl durch innere Machtverteilungskämpfe wie konkurrierende Formationen und neue hegemoniale Knotenpunkte, die zu weiteren Verdichtungspunkten einer Anzahl sozialer Beziehungen und zu Brennpunkten einer Vielzahl totalisierender Effekte heranwachsen können. Da sich Herrschaft durch Beschränkung der Selektionsmöglichkeiten der Beherrschten auszeichnet, müssen Beherrschte, um ihren eigenen Selektionsleistungen zum Durchbruch zu verhelfen, den Versuch unternehmen, die Herrschaft über sich einzuschränken bzw. gänzlich auszuschalten. Dies geschieht im öffentlichen Raum auf der Ebene des Diskurses mittels antagonisierender diskursiver Formationen und der Bildung von Äquivalenzketten zur wirksamen Untergrabung herrschaftlicher Praxis (unter Punkt 5.2 näher erklärt), auf der Ebene von Organisation und Institution durch aktiven und passiven Widerstand gegen herrschaftliche Praxis bis hin zur Institutionalisierung von Gegenkraft, die von der Herrschaft nicht mehr ignoriert werden kann und deshalb anerkannt werden muss. Ebenso erfordert das ständige Bemühen um Erhaltung von Herrschaft eine Vielfalt von diskursiven Formationen und organisatorischen wie institutionellen Maßnahmen gegen die Beherrschten. Der produktiven Unruhe einer auf geringerer Ungleichheit basierenden Gesellschaft steht also die Erlahmung gesellschaftlichen Lebens bis hin zur bleiernen Friedhofsruhe bei hoher Ungleichheit gegenüber.
So auflockernd und befreiend die Durchbrechung enger nationalstaatlicher Begrenzungen für die Entfaltung weltweiter gesellschaftlicher Dynamik auch zu bewerten ist. Es darf dennoch nicht die Gefahr übersehen werden, dass ein sich weltweit einpendelndes Machtgefüge, in dem ranghohe kapitalorientierte hegemoniale Formationen die Entwicklungsrichtung allein bestimmen wollen, dazu neigt, Gewalt auch grenzübergreifend zur Erhaltung des erzwungenen sozialen Friedens einzusetzen, Unruhen der Hegemonisierten niederzuhalten und den zur Erhaltung von Gesellschaft notwendigen Gegenhalt hegemonialer Formationen zu missachten. Bisher auf periphere Gebiete wie beispielsweise Lateinamerika begrenzte Entwicklungen würden auf die Metropolen in Nordamerika, Europa und Japan übergreifen.

5.2 Verarmung der Diskursvielfalt gleich Abschaffung der Demokratie?

Hegemoniale Formationen umgreifen sowohl auf der Diskurs- wie auch auf der Organisations- und Institutionsebene die von ihnen Hegemonisierten. Hegemonisierende und Hegemonisierte stehen in einem auflösbaren Beziehungsverhältnis zueinander. Auf beiden Seiten versammeln sich eine Vielzahl von diskursiven Formationen, die auf dem Felde der öffentlichkeitswirksamen Diskurse durch eine Regelmäßigkeit in der Verstreuung konstruiert sind. Hegemonisierende wie hegemonisierte Seite bilden jede für sich eine Vielzahl von Differenzen aus. Im Verhältnis zur jeweils anderen Seite jedoch werden die Differenzen zu Äquivalenzketten eingeebnet. Die hegemonisierende Seite ist dann ausschließlich das Gegenteil der hegemonisierten. Erbitterte Kämpfe um die Spitzenplätze auf der Stufenleiter der gesellschaftlichen Rangfolge, in denen sich die unterschiedlichen hegemonialen Formationen gegenseitig untergraben, bewirken im Normalfall zweierlei:

1. Die Verstetigung der gegenseitigen Untergrabungskämpfe zwischen den um Herrschaftsbeteiligung ringenden hegemonialen Formationen, so dass
   - die Orte des Gegensatzes regelmäßig werden,
   - sie als Systeme von Differenzen Lagerbildung ermöglichen und
   - dem Beobachter ein Bild des koordinierten Nebeneinanders präsentieren, in dem die Untergrabungskämpfe zum vernachlässigbaren Faktor werden;
2. Die Aufspaltung der Gesellschaft in ein hegemonisierendes und hegemonisiertes Lager, zwischen denen die Grenze zu keinem Zeitpunkt exakt fixiert werden kann.

Innerhalb der hegemonialen Formationen ordnen sich auf beiden Seiten der Grenze die voneinander differierenden diskursiven Formationen entsprechend dem Über- und Unterordnung-Prinzip zu. Die einen versetzen sich dadurch in die Lage, ihre Vorstellungen über die Selektionsleistungen zu harmonisieren, die sie den Hegemonisierten gemeinsam auferlegen wollen, während die anderen eine Plattform finden, auf der sie ihr Leben als Beherrschte einrichten. Ihre Aktivitäten erstrecken sich darüber hinaus im Felde der Diskursivität auf die Entwicklung antagonisierender diskursiver Formationen zur Bekämpfung der ihnen auferlegten Selektionsleistungen, auf die wiederum die hegemonisierende Seite mit rechtfertigenden diskursiven Formationen und organisatorischen wie institutionellen Maßnahmen antwortet. Verschiebt sich nun das Kräfteverhältnis einseitig zu Gunsten der Herrschenden, so dass sogar eine Übermachtposition entsteht, kann eine Situation eintreten, in der das Herrschafts-Beherrschungs-Verhältnis von einem Über- und Unterordnungs-Verhältnis abgelöst wird. Herrschende erwarten dann von den Beherrschten, dass sie die sie einengenden Selektionsleistungen als die eigenen übernehmen und sich selbst als untergeordneter Teil der Herrschaft empfinden. Wenn als Folge ihrer zahlreichen Niederlagen die Beherrschten mit einem ausgeprägten Unterordnungsbewusstsein ausgestattet sind, fügen sie sich den an sie gerichteten Erwartungen. Dank ihrer Übermacht ist es in einem solchen Falle der hegemonisierenden Seite gelungen, das Über- und Unterordnungs-Verhältnis auf die gesamte hegemoniale Formation zu übertragen und den ihr lästigen Diskurs für die Dauer der Hinnahme dieses Verhältnisses abzuschaffen.

Die Untergeordneten sind so lange „mundtot", wie aufkeimende Unzufriedenheit noch nicht von einer neuen antagonisierenden diskursiven Formation angesprochen und für die Verfolgung ihrer Zwecke vereinnahmt werden kann. Finden jedoch beide zusammen und stellen sich gemeinsam dem um bedingungslosen Machterhalt kämpfenden Hegemon entgegen, wird jener zur Erhaltung seiner Übermachtposition mit der Verschärfung struktureller Gewalt antworten, indem er diskursive Formationen fördert, die

- *ausschließlich der Konservierung der in Frage gestellten Unterordnungsverhältnisse dienen,*
- *die direkte Auseinandersetzung mit der antagonisierenden diskursiven Formation vermeiden und*
- *darauf abzielen, den demokratischen Diskurs vorübergehend oder ganz zu unterbrechen und dieses Verhalten auch organisatorisch und institutionell abzusichern.*

Dieser Zuwachs an struktureller Gewalt innerhalb einer hegemonialen Formation hat Konsequenzen für alle im hegemonisierenden Lager versammelten und unterschiedliche Universalitätsansprüche vertretende Formationen (Die Vertreter des Rechts verfolgen einen anderen Universalitätsanspruch als die Religionen, die Wissenschaft, die Politik und die weltweit tätigen Unternehmen.). Wie schon angedeutet, bewirkt im Normalfall die gegenseitige Infragestellung bzw. das Untergraben des jeweils andersartigen Universellen und der damit engstens verbundenen unterschiedlichen Hierarchisierungsprinzipien, dass die Orte des Gegensatzes regelmäßig und in Bezug auf die Aufrechterhaltung des Antagonismus zum hegemonisierten Lager als eine "organische Solidarität in der Teilung der Herrschaftsarbeit" (Pierre Bourdieu, a.a.O.) transformatorisch zurückgewonnen werden können. Als solche sind sie Systeme von Differenzen, die sich dem gemeinsamen Ziel der Teilung der Herrschaftsarbeit in ungleicher Partnerschaft unterordnen. Beides, kontinuierliches gegenseitiges Untergraben und Unterordnung unter einen gemeinsamen Zweck, existieren also nebeneinander. Wenn jedoch eine der beiden Grundlagen dieses vielstimmigen Konzerts entfällt, weil im gegenseitigen Untergraben eine hegemoniale Formation die Übermachtposition errungen hat, kann daraus die Etablierung eines gesellschaftsweiten Über- und Unterordnungs-Verhältnisses mit der vollständigen Abschaffung des Diskurses und damit der Demokratie resultieren. Gesetzt den Fall die weltweit agierenden Unternehmen erringen eine solche Übermacht, indem sie die bisherigen Zirkulationssphären vollständig entgrenzen und den weltweit niedrigsten Grad an demokratischem Zusammenleben zum Maßstab für das den eigenen Zukunftsvorstellungen adäquate Ensemble sozialer Formen wählen, dann sähe sich die betroffene Bevölkerung einem hohen Maß an struktureller Gewalt ausgesetzt. Für die Bevölkerung in den gegenwärtig hochindustrialisierten Ländern bedeutete dies eine drastische Verschlechterung ihrer Selbstverwirklichungsmöglichkeiten. Sollte die Entgrenzung der Zirkulationssphären unabweislich zur Etablierung einer weltweiten demokratiefeindlichen Oligarchie führen, wären globalisierte Märkte die Totengräber der Demokratie. „Zu allen Zeiten", beschwor Otto Ulrich ein solches Szenario, „gerieten hoch entwickelte Gesellschaften spätestens dann auf den Weg des Niedergangs, wenn Wirtschaft und technische Entwicklung einerseits, Staat und Politik andererseits und die kulturell-geistigen Verhältnisse der Menschen zum Dritten aus dem Gleichgewicht gerieten" (Otto Ulrich, a.a.O.).

5.3 Kein Konsens über Maßstäbe und Regeln des Zusammenlebens

Das vom Chefökonom der Deutschen Bank, Norbert Walter, vor einiger Zeit geforderte "Regime der Konsumenten", formuliert auf dem Hintergrund des längst widerlegten Axioms vom homo oeconomicus[1], stellt den Maßstab für ein adäquates Ensemble sozialer Formen dar, das den Zukunftsvorstellungen global engagierter Unternehmen entspricht. Würde man dieses vom „possessiven Individualismus“ propagierte Bild des konsumierenden Subjekts zum allein gültigen Maßstab erklären, wäre nicht mehr die vielschichtige Individualität des Einzelnen, sein unerschöpfliches Verlangen nach Differenz, das Mit-, Gegen- und Durcheinander in sich selbst vernünftiger Weltbilder, die als vielgestaltiges Ensemble nicht der Vernunft eines allen übergeordneten Weltbildes gehorchen, das Maß aller Dinge, sondern nur sein Konsumentendasein. Aber die Selbstverwirklichung des Einzelnen, in Respekt und voller Anerkennung des gleichen Strebens der Anderen, überschreitet sein Dasein als Konsument, bildet den eigentlichen Treibstoff gesellschaftlicher Entwicklung und ist damit der übergeordnete Maßstab. Lassen sich hochrangige hegemoniale Formationen in ihrem weltweiten Engagement nicht auf diesen Maßstab verpflichten und beharren auf ihrem eigenen, reduzieren sie mit ihrer reinen Marktorientierung Entwicklungsmöglichkeiten von Gesellschaft und müssen mit der zunehmenden Wirksamkeit antagonisierender diskursiver Formationen rechnen. Am Beispiel des gesteuerten Zugangs zur Kommunikation mit seiner negativen Auswirkung sowohl auf die kommunikative Kompetenz der Bürger wie auf dessen politisches Interesse ist diese Negativentwicklung bereits gegenwärtig in einigen Gesellschaften zu besichtigen. Wenn die Beteiligung an der Presse- und Medienfreiheit ausschließlich in den Entscheidungsbereich privater Medien fällt und Medienverhalten zur logischen Folge unternehmerischer Planung wird, rangiert der Bürger in seiner Eigenschaft als zu beeinflussender Konsument weitaus höher als der „mündige“ Bürger, von dessen Fähigkeiten jedoch abhängt, ob die Potentiale künftiger gesellschaftlicher Entwicklung verwirklicht werden können. „Es gibt keinen wirtschaftlichen Anlass“, stellte Hanno Hardt schon 1995 fest, „durch vertiefende Information, differenzierte Meinung und intelligente Diskussion intellektuelle Erwartungen an Leser oder Zuschauer zu erhöhen und somit die gesellschaftliche Kommunikation durch einen gezielten Prozess der Fortbildung zu fördern. Im Gegenteil, Sprache und Bild vereinfachen Ergebnisberichterstattung und verkürzen Problemberichterstattung. (...) Das ungehütete Geheimnis dieser Wende zur Unterhaltung als Urkonzept der Medienmacher heißt Infotainment, daß sich stets weiter von der ursprünglichen Informations- und Erziehungsfunktion der Medien entfernt hat.“ (Tagesspiegel, 26.9.95). Aber nichtsdestoweniger leiten Medienkonzerne die rechtliche Begründung ihres Handelns immer noch aus dem *öffentlichen* Interesse ab,

---

1 Als Konstrukt ist dieses Axiom für quantifizierbare Aussagen auf der Grundlage von mathematisch ausgerichteten Volkswirtschaftstheorien unentbehrlich, aber das empirisch feststellbare Verhalten von Konsumenten widerspricht dem homo oeconomicus.

das sie selbst jedoch ihrem *privaten* Interesse unterordnen. Die gleichen Medienkonzerne schalten sich auch in die Nutzung der Möglichkeiten des Internets mit seinen vielfältigen Ausforschungsmöglichkeiten der privaten Sphäre ein. Kommt die dringend nötige Anonymisierung von Daten nicht voran, wird einer latent vorhandenen Demokratieverachtung der Abnehmer dieser Daten Vorschub geleistet[1]. Inzwischen haben mehrere Landesmedienanstalten den Vollprogrammen unter den Privatsendern wegen der Entpolitisierung ihrer Programme mit einem Ausschluss aus dem Kabelnetz gedroht. Sie verletzten mit ihrem Trend zu immer mehr Unterhaltungsformaten den Rundfunkstaatsvertrag. Laut einer Untersuchung bestehen die Programme von ARD, RTL, Sat 1, Pro 7, Vox, RTL 2 und Kabel 1 mittlerweile zu deutlich mehr als der Hälfte aus Serien, Spielfilmen, Quiz-, Spiel- und Nonsensshows. Lediglich das ZDF bildet eine Ausnahme (Frankfurter Rundschau, 14.12. 00).

Dass auf diesem Gebiet insgesamt weiter als bisher gedacht werden muss, demonstriert die schleswig-holsteinische Ministerpräsidentin Heide Simonis. Beim Rundfunk ginge es nicht um Joghurt oder Zement, sondern um ein Demokratieelement. Der nichtkommerzielle Rundfunk müsse sehr viel stärker als bisher dem Gebot der Staatsferne unterstellt werden (Abbau der Parteiendominanz) und die bisher gültige Grenze von 30 Prozent Marktanteil des kommerziellen Rundfunks sei viel zu hoch angesetzt, wenn „beispielsweise das Internetportal von RTL oder technische Infrastruktur wie das Kabelnetz, der Programmhandel oder die Stellung auf dem Pressemarkt“ mit einbezogen würden (Ingrid Scheithauer, a.a.O.).

Gesellschaften, in deren öffentlichen Räumen der Machtanspruch privater Verfügungsgewalt über Information und Medienverhalten des Bürgers weitgehend durchgesetzt worden ist, zeichnen sich durch erhebliche Einkommensunterschiede, eine ausgeprägte Elitenbildung, eine paternalistische Zuwendung zum hegemonisierten Teil der Bevölkerung und die großzügige Zulassung struktureller Gewalt aus. Sie verzichten auf die Hebung aller Entwicklungsressourcen der Bevölkerung und versuchen statt dessen, die Mehrheit der Bevölkerung ruhig zu stellen. Sie verlassen sich in der Hauptsache auf die ausreichende Kreativität ihrer gesellschaftlichen Elite und importieren im Bedarfsfall kreative Fachleute. Eine solche Verfahrensweise ist so lange von Vorteil, wie im abhängigen Bewusstsein der ruhig gestellten Bevölkerung vor allem die unterwürfige Komponente dominiert und weiterhin qualifizierte Fachkräfte aus anderen Gesellschaften angeworben werden können. Abhängiges Bewusstsein enthält aber auch als zweite Komponente den Stachel des Widerstands, an dem sich wachsende Unzufriedenheit über versagte Selbstverwirklichungschancen entzünden und mit aggressiven antagonisierenden Formationen

1 „... Wenn wir darüber nicht bald eine öffentliche Debatte führen, werden wir irgendwann mit einem dicken Kater aufwachen. Mächtige Gruppen werden dann die Inhalte des Internet bestimmen, gewisse Informationen werden knapp gehalten oder gar unterdrückt, die Surfer werden für die Werbewirtschaft ausgespäht, was noch das harmloseste *Big Brother*-Szenario ist.“ (Dan Schiller, a.a.O.).

verbinden kann[1]. Ist aus dem Widerstand konkrete Gegenmacht entstanden, stehen sich zwei Formationen mit unterschiedlichen Maßstäben für gesellschaftliche Entwicklung unversöhnlich gegenüber. Neben der Durchsetzung des einen oder anderen Maßstabs kann aus diesem grundlegenden Konflikt auch als dritte Möglichkeit der Zerfall der Gesellschaft resultieren. Damit geht die Fähigkeit zum formlosen Gegenhalt der hegemonialen Formationen verloren, ohne den Gesellschaften nicht existieren können. In dem zermürbenden Zerfallsprozess werden dann auch alle bis dahin gültigen und anerkannten Spielregeln des gesellschaftlichen Zusammenlebens in Frage gestellt und verworfen.

1 Abhängiges Bewusstsein hat das „Fürsichsein" des Herrn sowohl *für sich* im außer ihm existierenden Herrn als auch *an sich* (in Form des "Überichs") und vollbringt es im Dienst am Herrn und am "Überich" wirklich. Vollständig bestimmt ist es nach Hegel jedoch erst, wenn das „Fürsichsein" auch *für es selbst* ist. Zur Anschauung des selbständigen Seins als seiner selbst kommt es als „arbeitendes Bewusstsein". Im Formieren des Dinges wird ihm bewusst, "daß es selbst *an und für sich ist*, indem es die Form aus sich *hinaussetzt*" (Hegel, a.a.O. ,S.153f). Das abhängige Bewusstsein ist in seiner Form als "Fürsichseiendes" demnach vierfach bestimmt:

1. durch das „Fürsichsein" des Herrn, das außer ihm und für ihn ist,
2. das aus Furcht vor dem Herrn entstandene und im Dienst sich erfüllende „Fürsichsein" an ihm („Überich"),
3. das im Verlauf des Formierens an ihm selbst entstehende „Fürsichsein",
4. das aus sich hinausgesetzte, entäußerte „Fürsichsein" im bearbeiteten Gegenstand, der vom Herrn angeeignet wird

(weitere Erläuterungen dazu in der Anmerkung 1 auf den Seiten 51/52).

6. Der Staat - die institutionalisierte Kraft zur Selbsterhaltung von Gesellschaften

In der Selbsterhaltung von Gesellschaften steht dem formlosen Gegenhalt, den die hegemonialen Formationen aufgrund ihrer unterschiedlichen Entstehens- und Vergehenszeiten sowie der Regelmäßigkeit ihres Gegensatzes bilden, der Staat als institutionalisierte Kraft gegenüber[1]. Aus der umfangreichen Skala staatlicher Eingriffe zum Zwecke der Selbsterhaltung von Gesellschaften ragen folgende bereits anfangs erwähnte hervor:

---

1 Insofern hegemoniale Formationen auf Kosten anderer nach "Verewigung" ihrer Existenz streben, zur Diskriminierung, Begrenzung und Untergrabung der Autonomie anderer neigen und zur psychischen und physischen Gewaltanwendung gegen sie tendieren, erzeugen sie unter den Diskriminierten, Eingegrenzten und von Gewaltmaßnahmen Bedrohten vereinzelten bzw. vereinten Widerstand, ohne dass die Gegenkräfte bestimmen können, ab wann der von ihnen praktizierte Widerstand ebenfalls in Diskriminierung, Eingrenzung, und Androhung von Gewalt umschlägt. Wechselseitig einsetzender, jeweils über das Ziel hinausschießender Widerstand ruft das Verlangen nach einem Schlichter der Konflikte hervor. Da der formlose Gegenhalt, der aus der Vielfalt der hegemonialen Formationen entsteht, dazu nicht fähig ist, ist diese Aufgabe dem Staat als der institutionalisierten Selbsterhaltungskraft historisch zugewachsen. Welche Gründe in vergangenen Geschichtsperioden im Einzelnen ausschlaggebend waren, seine Schlichtertätigkeit durch die Übertragung des Gewaltmonopols zu festigen, kann hier nicht näher untersucht werden. Jedoch dürften folgende Hinweise Aufschluss geben: "Die venezianische Regierung erpresste von ihren eigenen Kaufleuten Schutzgelder in einer Weise, die nicht zu unterscheiden ist von der Schutzgelderpressung gewöhnlicher Krimineller; die Regierung installierte sich während Jahrhunderten förmlich als Sicherheits- und Schutzverkäufer - mit entsprechenden Provisionen. Freilich schlachtete man die Kuh nicht, von deren Milch man lebte und sorgte mit militärischen und politischen Attacken auf den Konkurrenten - allen voran Genua - dafür, dass auch dort die Schutz- und Sicherheitskosten anstiegen. Die heimischen Kaufleute sollten ja konkurrenzfähig bleiben - 'Standortpolitik'. Die symbiotische Verbindung von militärischer Gewalt, Staatsapparat, Finanz- und Steuerwesen treibt zwischen Mittelalter und Neuzeit den modernen Staat mit Gewaltmonopol hervor. Die Gewalt gegen eigene und fremde Bürger sowie die gewaltsame Durchsetzung von Interessen gegenüber Dritten waren dabei nicht zufälliges Beiwerk, sondern konstitutive Momente und wichtige Triebkräfte."(Rudolf Walther, a.a.O.).
Die Begründung von Staatsmacht ist historisch eher als organisiertes Verbrechen darstellbar. Weniger naheliegend sind Übertragungsakte wie Vertragsabschlüsse oder andere Verfahren der Konsensbildung (Charles Tilly, a.a.O.)
Immanuel Kant sprach 1784 von der "barbarischen Freiheit der schon gestifteten Staaten".
Aus systemtheoretischer Sicht sagt *Niklas Luhmann*: "Gewaltfundierte Macht hat die Eigenschaft eines *relativ einfachen*, entscheidungsnahen Orientierungsprinzips, das zugleich *mit hoher Komplexität kompatibel* ist. Ein solches Orientierungsprinzip kann, wenn es mit einer Diskontinuität von Systemen und Umwelt zusammentrifft, nach allgemein systemtheoretischen Einsichten durch Effektakkumulation einfacher Schritte den Aufbau hochkomplexer Systeme auslösen ... Die Entstehung des modernen, souveränen Staates auf Grund eines Monopols auf Entscheidung über physische Gewaltanwendung und seine Aufblähung zu kaum mehr kontrollierbarer Komplexität ist auf gesamtgesellschaftlicher Ebene das bedeutsamste Beispiel für eine solche Entwicklung." (Luhmann, Niklas, a.a.O.S.67).

- *Unterstützung aufsteigender hegemonialer Formationen gegen bereits etablierte,*
- *ständiges Ausloten von Flexibilitätsspielräumen und -grenzen hegemonialer Formationen,*
- *Schlichtertätigkeit (mit oder ohne Rückgriff auf das vom Staat ausgeübte Gewaltmonopol[1]),*
- *das Offenhalten des öffentlichen Raumes und darin des Feldes der Diskurse für die Aktivierung und Reaktivierung flottierender Elemente.*

Diese Tätigkeiten bleiben unabhängig von der Entgrenzung der bisherigen Zirkulationssphären bestehen. Wenn sich in der heutigen Zeit der formlose Gegenhalt der hegemonialen Formationen jenseits der bisherigen Grenzen herstellt, ob im Weltmaßstab oder weiter unten angesiedelt, schwächt diese Verschiebung zwar den traditionellen Nationalstaat, aber ändert nichts an der Notwendigkeit, dem räumlich expandierten formlosen Gegenhalt zu seiner eigenen Lebensfähigkeit ein adäquates staatliches Pendant gegenüber zu stellen. Ohne die institutionalisierte Kraft des Staates gibt es keine Gesellschaft, in welchen Grenzen auch immer! Die hegemonialen Formationen würden ihren formlosen Gegenhalt auf die Dauer selbst zerstören, totalitär deformieren, die für eine lebendige Demokratie lebensnotwendige Diskursvielfalt beseitigen und keine Verständigung mehr über den Maßstab und die Regeln des Zusammenlebens erzielen. Der Zerfall wäre unausweichlich.

Anpassungsstrategien des Staates an den die Nationalgrenzen übergreifenden formlosen Gegenhalt hegemonialer Formationen greifen schon jetzt, indem Rechtsetzungsbefugnisse an internationale und regionale Instanzen übergehen und die Souveränität des Nationalstaats im zunehmenden Maße internationalem Recht unterliegt. „Die Globalisierung wurde tatsächlich durch Schaffung neuer Rechtssysteme und Rechtsprechung, die zum Teil durch die Nationalstaaten unterstützt wurde, sowie durch die Erweiterung und Erneuerung einiger älterer Formen begleitet, die die nationalen Rechtssysteme umgehen“ (Saskia Sassen, 1999, a.a.O.). Ebenfalls treten nationale Rechtssysteme und -ansätze in Wettbewerb um ihre internationale Durchsetzung, was sich insbesondere im Handelsrecht und in der internationalen Schiedsgerichtsbarkeit zeigt.

Für *Norbert Elias* ist die zunehmende Affektkontrolle mit einer Privatisierung bzw. Intimisierung körperlicher Funktionen verbunden. Begleitet werde dieser "Prozess der Zivilisation" zunächst mit der Konzentration, dann mit der Monopolisierung der Gewalt in staatlicher Hand. Gewalt werde durchorganisiert und arbeitsteilig verschiedenen Trägern übergeben. "Man kann die Zivilisation des Verhaltens und den entsprechenden Umbau des menschlichen Bewusstseins- und Triebhaushalts nicht verstehen, ohne den Prozess der Staatenbildung und darin jene fortschreitende Zentralisierung der Gesellschaft zu verfolgen." (Norbert Elias, a.a.O.)

1 Der im Rahmen staatlicher Gesamttätigkeit verhältnismäßig geringe Umfang der Schlichtertätigkeit hat jedoch nicht zur Folge, dass der Staat in seinem Verhältnis zu den hegemonialen Formationen und deren Praxen neutral wird. Ebensowenig übt er das Gewaltmonopol auf neutrale Weise aus. Die Aussagen, daß der Staat über der Gesellschaft schwebe oder ihr Zentrum bilde oder eine neutrale Position zu den verschiedenen gesellschaftlichen Kräften einnehme, überbewertet seine Schlichterfunktion und leitet aus ihr fälschlicherweise die Bestimmung des Staates ab. Vom Standpunkt der selbsterhaltenden Kraft des strukturierten Ganzen ist dieser Bereich seiner Tätigkeit lediglich ein Teilaspekt.

Die Herausbildung von Elementen transnationaler Rechtskulturen bedarf jedoch zugleich der Verständigung über Grundsätze transnationaler Gerechtigkeit. So stellt beispielsweise das *Recht auf gleiche Berücksichtigung* die substanzielle Ausformung des Gleichheitsgrundsatzes dar und äußert sich im *Recht auf politische Teilhabe*. „Eine konsequente Interpretation des Gleichheitsgrundsatzes der Völker schreibt diesem politischen Mitspracherecht Gültigkeit auf jeder institutionellen Ebene zu, auf der politische oder ökonomische Entscheidungen mit tendentiell übernationaler Wirkung getroffen werden. ... Gemäß der Idee der Mitsprache werden gemeinsam die Grundregeln des Zusammenlebens, die die wechselseitigen moralischen Verpflichtungen festlegen, vereinbart. Aus deren Positivierung gehen sodann korrespondierende wechselseitige Rechtsansprüche hervor." (Carola von Villiez, a.a.O.).
Auch die Protagonisten hegemonialer Formationen begreifen, dass die von ihnen geschaffenen Ensemble sozialer Formen auf jeden Fall der staatlichen Absicherung bedürfen und dass den Nationalstaaten der Vergangenheit dazu die Reichweite fehlt (Jürgen Schrempp, Vorstandschef von DaimlerChrysler mahnte z.B. den politischen Rahmen an, in dem die Wirtschaft agieren könne.). Der eigentliche Streit entzündet sich deshalb auch nicht mehr an der Frage, ob es überhaupt eines Staates bedarf, sondern mit welchen Regelungsbefugnissen er ausgestattet sein soll. Das bereits anfangs wiedergegebene Zitat über die angebliche Amerikanisierung der gesamten Welt unterstellt, dass das für die USA gefundene Verhältnis zwischen entgrenzter Nationalgesellschaft und Staat nicht nur beispielhaft für die gesamte Welt ist, sondern zur Erhaltung der amerikanischen Weltmachtposition auf die gesamte Peripherie der USA ausgedehnt werden sollte, obgleich bereits jetzt amerikanische Kritiker die Europäer dringend davor warnen, das amerikanische Modell zu übernehmen.[1] Es hofiere zu sehr die global tätigen hegemonialen Formationen und orientiere staatliche Tätigkeit zur Selbsterhaltung von Gesellschaften einseitig an deren Wohlergehen (wie beispielsweise im Falle der Tolerierung steuerflüchtiger Unternehmen in einkommensteuerfreie Steueroasen). Der europäische Weg dürfe nicht durch den Machtanspruch der USA untergraben werden. Der europäische Weg hebe die Autonomie des Staates stärker hervor und mache die Lebensdauer von Gesellschaften nicht einseitig vom Entstehens- und Vergehensprozess hegemonialer Formationen abhängig. Nachdem sich abzeichnet, dass Globalisierung nicht nur Amerikanisierung der restlichen Welt bedeutet, sondern die USA selbst auch von ihr erfasst werden, erhalten diese kritischen Stimmen Zulauf.
Für sicherheitsrelevant gehaltene Sektoren der amerikanischen Wirtschaft und Bereiche mit hoher symbolischer Bedeutung für den amerikanischen Way of Life

1 „Es ist traurig, dass Amerika im Hinblick auf die Sozialdemokratie so weit hinter Großbritannien und Deutschland zurückliegt, dass wir noch nicht einmal am selben Diskurs teilnehmen. Es gibt bei uns nichts, das mit dem europäischen sozialen Wohlfahrtsnetz vergleichbar wäre. Und es gibt auch keine Aussicht darauf, dass wir so etwas jemals haben werden. Der Schritt, den Europa nach dem Zweiten Weltkrieg in Richtung Sozialdemokratie gemacht hat, war so groß, daß Amerika ihn wohl nie einholen wird."(Richard Rorty, a.a.O.).

möchte man vom Eindringen weltweit tätiger Unternehmen, die ihren Ursprung außerhalb der USA haben, ausnehmen. Dementsprechend hat die Übernahme von Chrysler durch Daimler-Benz, des traditionsreichen Random House durch Bertelsmann, des Mobilfunkers Voicestream Wireless durch die Deutsche Telekom, der Internetfirma Verio durch Nippon Telegraph&Telephone (NTT), Bankers Trust durch die Deutsche Bank und der Luftwaffenelektronik-Sparte von Lockheed Martin durch die britische BAE Systems massive Kritik hervorgerufen und im Falle von Verio und Voicestream Wireless sogar Regierungs- und Kongressausschüsse beschäftigt. (Frankfurter Rundschau, 25.8.00, Tagesspiegel, 28.10.00).
Als Folge dieser zunehmenden inneramerikanischen Diskussion könnten eines Tages auch in den USA Grenzen gegenüber der Globalisierung gezogen werden, um das eigene gesellschaftliche Modell als Identifikationsraum und Orientierungsmarke für Wir-Gefühle zu erhalten und gegenüber Angst erzeugenden unbekannten Entwicklungen und „unamerikanischen" Einflüssen zu verteidigen. Nicht der Weg in eine einheitliche Weltgesellschaft, sondern in unterschiedlich verfasste Weltregionen mit akzentuierten Grenzziehungen zwischen ihnen, unter Zurückdrängung von Globalisierungstendenzen, die als schädlich für die Herausbildung der Regionen bezeichnet werden, würde sich damit als künftige Entwicklung andeuten und die Entglobalisierungsphase vom Anfang des 20. Jahrhunderts auf höherer Stufenleiter wieder aufleben lassen. Dieser neue Trend hinterlässt im Diskurs diesseits und jenseits des Atlantik über die verschiedenen Ausprägungen des Verhältnisses von Staat und Gesellschaft bereits seine Spuren.

6.1 Staat und Zivilgesellschaft

Tony Blair, Göran Perrson, Wim Kok und Gerhard Schröder bezeichnen in ihrem gemeinsam verfassten Artikel die Zivilgesellschaft als ein Gegengewicht sowohl zu übermäßiger staatlicher Einmischung als auch zur uneingeschränkten Macht der Märkte. „Die zugrunde liegenden Werte sind klar: eine offene, niemanden ausgrenzende Gesellschaft, die jedoch ebenso auf Verantwortung wie auf Rechten beruht." (Tony Blair, a.a.O.). Die Autoren streben wegen der zunehmenden Entgrenzung der nationalen Zirkulationssphären einen „internationalen Sozialpakt" an und hoffen, der übergreifenden Macht der Märkte durch ihr gemeinsames EU-staatliches Handeln wirksam begegnen zu können. Gleichzeitig beabsichtigen sie, staatliche Einmischung auf das notwendige Maß zurück zu schneiden. Nationale Überregulierung soll den Aktivitäten des Einzelnen nicht mehr im Wege stehen; sein Recht auf verantwortliches Handeln gestärkt werden. Ihr Bezugsrahmen ist die zwar „zentrumslose", aber deshalb nicht weniger machtdurchsetzte, „vollständig reflexive und mobilisierte Gesellschaft, die ihre Normen und Werte immer wieder neu aushandeln und kräftezehrend bestätigen muss"(Thomas Assheuer, a.a.O.), in der der Weg gesellschaftlicher Entwicklung nicht vorherbestimmt ist und in der die Zukunft auch „höherer Einsicht" verschlossen bleibt. Je reflexiver aber die Gesellschaft in ihren Teilen und als Ganzes wird, desto mehr treten die beabsichtigten, unter- oder überschätzten, unkontrollierbaren und unbeabsichtigten Wirkungen des eigenen Handelns auf andere und deren Reaktionen ins Bewusstsein, Handlungsspielräume werden meistens enger und das Bestreben, Selektionsleistungen ohne Rücksicht auf die Betroffenen oder ihre gesamtgesellschaftlichen Wirkungen zu übertragen, stoßen bei den Betroffenen auf immer weniger Akzeptanz. Herrschaft wird zunehmend in Frage gestellt. Dies gilt in gleicher Weise für die Praxis hegemonialer Formationen wie für die des Staates. So beeinträchtigt ein höherer Grad an Reflexion z.B. die Globalisierungsbestrebungen hegemonialer Formationen, wenn sie aus der Enge des nationalen Bezugsrahmens entfliehen und über den Umweg weltweiter Aktivitäten ein für sie vermeintlich vorteilhafteres Ensemble sozialer und staatlicher Formen entwickeln möchten. Ebenso sind Strategien des Staates betroffen, den Zeittakt von Gesellschaften nach Belieben zu beschleunigen und gleichzeitig den Zerfall von Lebenswelten mittels Eingabe von Familienwerten aufhalten zu wollen (ebd.). Gegenüber der angestrebten Zivilgesellschaft als Gegengewicht zu Globalisierungserscheinungen ist eine Neubestimmung des Staates dringend erforderlich. Zwar ist und bleibt er wie bisher die institutionalisierte Kraft, die zur Selbsterhaltung eines strukturierten Ganzen genauso unentbehrlich ist wie der formlose Gegenhalt, der von der Vielzahl hegemonialer Formationen gebildet wird, aber seine Legitimation und institutionelle Ausformung bzw. Ausfächerung bedarf der Neuformulierung.

6.2 Der die Zivilgesellschaft ermöglichende Staat

In dem bereits zitierten Artikel über die Zivilgesellschaft und Assheuers Definition wird dem handelnden Subjekt der Zivilgesellschaft ein hohes Maß an Autonomie zugestanden. Seine Aktivitäten zur Verwirklichung seiner selbst sollen weder vom Staat noch von hochrangigen hegemonialen Formationen beschnitten werden, sofern sie nicht in die von der Verfassung garantierten Selbstverwirklichungsrechte der anderen eingreifen. Daraus ergibt sich für den Staat die Konsequenz, die bisher vorherrschende theoretische Begründung seiner selbst, die monistische Theorie, zu überdenken. Danach wird die Volkssouveränität nach Art. 20 II des Grundgesetzes (GG) substantiell als Ausdruck einer politischen Einheit des (deutschen) Volkes, das als Ganzes Legitimationsquelle aller Ausformungen der Staatsgewalt ist, interpretiert. Das "Volk" als "mystisches Referenzsubjekt" ist an die Stelle des in gleicher Weise mystischen Referenzsubjekts "Gott" getreten und wird als eine dem Recht und der Verfassung vorgegebene historische Tatsache gewertet (Thomas Groß, a.a.O.). Zwischen dem substanziell verstandenen, als Trägerin der Staatsgewalt betrachteten Begriff „Volk“ und der aus den einzelnen autonomen, herrschaftsunterworfenen realen Subjekten der bestehenden Gesellschaft wird scharf unterschieden.
Die Vorstellung, "das Volk als Ganzes" sei die Quelle der Gewalt, läßt die Ablei-

tung zu, dass in einem von Fall zu Fall unterschiedlich begründeten und gestalteten Übertragungsakt die Verfügung über Gewalt auf ein Subjekt oder eine größere Gruppe von Subjekten übergegangen ist und von ihm/ihnen auch für und gegen das gemeine Volk ausgeübt werden kann (Bourdieus Urzirkel der Repräsentation). Das Legitimationsproblem reduziert sich sodann auf die Verantwortlichkeit der Gewaltausübenden gegenüber dem Volk. Ist erst einmal die Vorstellung, dass alle Gewalt vom Volke ausgeht, auf diese Weise wieder eingefangen, entschärft und mit dem Machtanspruch elitären Denkens "versöhnt", rückt die Form der Gewaltausübung in den Vordergrund.

Eine für die Bundesrepublik Deutschland sehr vertraute und recht zivil anmutende Form, die demokratische Idee der Volkssouveränität in den Hintergrund zu drängen, ist die Interpretation des Staates als "liberaler" Rechtsstaat auf naturrechtlicher Basis; d.h. die Auflösung des Spannungsverhältnisses zwischen Volkssouveränität und Rechtsstaat zu Gunsten des Rechtsstaats. Dies ist beispielsweise der Fall, wenn im Namen der Erhaltung des Rechtsfriedens der Schutz etablierter, zu geltendem Recht gewordener wohlverstandener Interessen älterer hegemonialer Praxen gegenüber neuen - in späteren sozialen Kämpfen erhobenen - Rechten Vorrang genießt, oder wenn in weiter zurückliegenden Geschichtsperioden allgemein anerkannte Rechtsbegründungen und -interpretationen für zeitlos gültig erklärt und festgeschrieben werden sollen. Ein solcher Rechtsstaat lässt strukturelle Gewalt zu und verstößt damit gegen die von der Zivilgesellschaft geforderte optimale Entfaltung des autonomen Subjekts.

Ein Beispiel stellt die 1993 beschlossene Zurückweisung der Kompromissentscheidung des Bundestages zum § 218 durch das Bundesverfassungsgericht dar. Nach langer und heftiger öffentlicher Kontroverse im Fernsehen, in der Presse und auf der Straße hatten unabhängige Abgeordnete des Bundestages schließlich zu einer hinlänglich ausdiskutierten Mehrheitsentscheidung gefunden, die jedoch vom Bundesverfassungsgericht auf der Grundlage einer naturrechtlichen Interpretation des betroffenen Grundrechtsartikels (Art.2) zurückgewiesen wurde. Ein Bundesverfassungsgericht, das im Grundgesetz niedergelegte Herrschafts- und Legitimationsprinzipien ausschließlich aus dem Blickwinkel der heilen normativen Welt, der in sich geschlossenen normativen Ordnung, im Geiste des "negativen Liberalismus bürgerlicher Freiheitsrechte" (Hauke Brunkhorst, a.a.O.) auslegt und seine letztinstanzliche Entscheidung der dynamischen Kraft der Volkssouveränität als unüberwindbaren Bremsklotz entgegensetzt, lässt den Doppelcharakter des Rechts außer acht und maßt sich selbst die Rolle des Gesetzgebers an. Wer in der Selbstgewissheit der "richtigen" Gesetzgebung die Beschränkung richterlicher Überprüfungsrolle überschreitet und den Eindruck eines "Juristitionsstaats" erweckt, "will letzte verbindliche Orientierung geben, wo die Gesellschaft gespalten ist" (Rainer Wahl, a.a.O), lässt unberücksichtigt, dass es kein für immer festgefügtes Bild vom Menschen gibt, kein Wesen hinter den Dingen, dass auf keine höhere Ordnung zurückgegriffen werden kann, und dass der Mensch sich immer neu erfinden muss. Ist zwischen einstmals gültigen Rechtsbegründungen und -interpretationen und dem aktuellen Rechtsempfinden eine unüberbrückbare Kluft entstanden, verfehlen - im Dienst der Erhaltung des strukturierten Ganzen stehende - Instanzen mit einer rückwärtsgewandten Optik die ihnen übertragene Aufgabe. Indem sie auf breite Zustimmung stoßende diskursive Formationen missachten und sich an solche anhängen, die ausschließlich der Konservierung der in Frage gestellten Unterordnungsverhältnisse dienen, unterbrechen sie nicht nur vorübergehend den demokratischen Diskurs, sondern erschüttern den Spannungsbogen zwischen Volkssouveränität und Rechtsstaat, erzwingen Unterordnung unter die historisch gebundene Systematik des Rechts und provozieren Unterdrückung. "Es spricht vieles dafür, dass das Gericht hier Voraussetzungen des gesellschaftlichen Zusammenlebens, die die Gesellschaft aus sich selbst bilden und bewahren muss, die der Staat nicht garantieren kann, nun doch von oben, vom Staat her zu schaffen in Anspruch und Angriff genommen hat." (Rainer Wahl, a.a.O., Günter Frankenberg, a.a.O.). „Demokratie kann nur funktionieren“, merkt Gunther Teubner an, „wenn einerseits Entscheidungspotentiale spezialisiert, organisiert und rationalisiert werden, diese aber gerade nicht die totale Kontrolle über ihren gesellschaftlichen Sektor übernehmen können, sondern ihrerseits einem Kontrollprozess durch eine dezentrale Vielheit spontaner Prozesse ausgesetzt sind.“ (Gunther Teubner, a.a.O.). Bereits Gerhard Göhler hat in dem von ihm herausgegebenen Band „Macht der Öffentlichkeit - Öffentlichkeit der Macht“, Baden-Baden 1995, diese Kontrollfunktion der Öffentlichkeit angesprochen: „Normativ geht es um die Kontrolle der Institutionen politischer Herrschaft durch eine Öffentlichkeit, die in dieser Hinsicht als ´Gegenmacht´ gegen die Macht dieser Institutionen fungiert. Eingeschlossen ist die Frage nach der politischen Funktion, die eine ´aufgeklärte Öffentlichkeit´ im Sinne von Habermas zu erfüllen vermag, um durch Meinungsbildung im vernünftigen Diskurs die ´Zivilgesellschaft´ als Gegengewicht und als Einflussfaktor zur Geltung zu bringen.“ (ebda, S.9/10).

Der vom Grundgesetz geforderten lückenlosen Legitimationskette für die Verankerung der Gesetzgebungskompetenz im Volk ist hinlänglich gedient, wenn unter der Voraussetzung einer verfahrensmäßig, durch Recht gesicherten individuellen Unabhängigkeit aller Subjekte, machtneutralisierte Publizität, breite und vielfältige Partizipation sowie demokratische Repräsentation in angemessener Form zusammenspielen (Hauke Brunkhorst, a.a.O.). Statt eines Tugenddiskurses, der auf Verfügungsgewalt über die Sitten abzielt, ist Verfahrensrationalität geboten, um dem allgemeinen Willen zum Durchbruch zu verhelfen; nicht mehr und auch nicht weniger. Wie schwer es selbst Mitgliedern staatlicher Instanzen fällt, die für die Selbsterhaltung des strukturierten Ganzen tätig sind, dieser Maxime gerecht zu werden, zeigt obiges Beispiel. Sie perpetuieren die Angst, die bereits die Gründungs"väter" der Verfassung vor dem eigenen Volk (Peter Glotz) geleitet hat.

Über die Gefahr der Zurückdrängung von Volkssouveränität hinaus birgt der monistische Theorieansatz noch eine weitere Disparität zwischen Zivilgesellschaft und

Staat. Die starke Betonung der *Hierarchie* in der staatlichen Verwaltungsorganisation, übrigens ein Begriff, der nichts anderes als „heilige Leitung" bedeutet (Thomas Groß, a.a.O.), wird weder dem diversifizierten Steuerungsbedarf einer Zivilgesellschaft noch den Mitwirkungsansprüchen selbstbewusster Bürger gerecht. Erinnert sei nochmals daran, dass dem Staat in einer Zivilgesellschaft lediglich die unentbehrliche Mitarbeit an der Selbsterhaltung dieses Ganzen zufällt, dass er darin weder als eine allem anderen übergeordnete Institution noch als ein zentraler Knotenpunkt des strukturierten Ganzen begriffen werden kann und in seiner Selbsterhaltungstätigkeit gleichfalls dem allgemeinen Horizont der Veränderung unterliegt. Trotz dieser Einschränkungen greift er als institutionalisierte Kraft in den formlosen Gegenhalt hegemonialer Formationen gestaltend bzw. korrigierend mit dem Zweck ein, aufsteigende hegemoniale Formationen gegen bereits etablierte zu unterstützen, Flexibilitätsspielräume und -grenzen hegemonialer Formationen ständig auszuloten, schlichtend einzugreifen (mit oder ohne Rückgriff auf das von ihm ausgeübte Gewaltmonopol) und den öffentlichen Raum, in dem sich Diskurse öffentlichkeitswirksam entfalten können, für die Aktivierung und Reaktivierung flottierender Elemente offen zu halten. Dabei agiert er zur gleichen Zeit sowohl auf der Seite der Hegemonisierenden wie der Hegemonisierten und gerät nicht selten in Widerspruch zu sich selbst. In seiner ständigen Suche nach potentiell zerstörerischen Entwicklungen für das strukturierte Ganze muss er sogar in Bereichen, in denen er in gleicher Weise wie alle anderen Formationen tätig ist, gegen sich selbst prozessieren. Wie soll eine solche Vielfalt ohne Selbstlähmungserscheinungen unter dem Einheitshut einer strammen „heiligen" Ordnung Platz finden und wie begegnet man der Gefahr selbstherrlicher, nicht mehr vermittelbarer Entscheidungen, auf die Betroffene mit der Folge zunehmender Wahlabstinenz reagieren?
Anschauliche weitere Beispiele liefert der 2. Senat des Bundeverfassungsgerichts, der für das Staatsorganisationsrecht zuständig ist. In seinem im 19. Jahrhundert steckengebliebenen staatstheoretischen Verfassungsverständnis, das die Optimierung der Grundrechte als vorrangiges Gestaltungsziel des Gesetzgebers ignoriert und als unzulässige Teilhabe am staatlichen Entscheidungsprozess ins Abseits stellt, hat er z.B. die vom Hamburger und Schleswig-Holsteinischen Gesetzgeber vorgesehene Einbeziehung selbst langjährig in Deutschland lebender Nichtdeutscher in den Entscheidungsprozess selbst auf der untersten staatlichen Organisationsebene zurückgewiesen sowie der in Schleswig-Holstein vorgesehenen Mitbestimmung von Beschäftigten im öffentlichen Dienst enge Grenzen gesetzt (Dieter Sterzel, a.a.O.).
Die vom 1. Senat des Bundesverfassungsgericht in seine Entscheidungen einbezogene pluralistische Theorie schließt hingegen zusätzliche Mechanismen der demokratischen Steuerung nicht aus. Die pluralistische Theorie bezieht die konkret Betroffenen einer Gruppe von Subjekten in die Beschlussfassung durch Mitwirkung, Mitbestimmung bis hin zum Volksentscheid ein, aktiviert damit deren Selbstverwirklichungsstreben und berücksichtigt die Einsicht, dass Mitbestimmung die Entwicklung und Verbreitung politischer Tugenden fördert bzw. eine Art Schule der

Demokratie darstellt. „Die pluralistische Interpretation des Demokratieprinzips", schreibt Thomas Groß, „begreift verschiedene Gestaltungsformen der politischen Willensbildung als Mechanismen zur Erweiterung individueller Selbstbestimmung durch Mitwirkung." (Thomas Groß, a.a.O.). An die Stelle des Regel-Ausnahme-Schemas trete hier eine komplexe, die parlamentarische Verantwortlichkeit keineswegs einschränkende Legitimationsstruktur, die nicht nur dem Steuerungsbedarf einer hochkomplexen Welt gerecht wird, sondern dem Staat einen praktikablen, mehr partnerschaftlichen Weg zur Koexistenz mit einer Zivilgesellschaft aufzeigt. Der 1. Senat des Bundesverfassungsgerichts beziehe sich bereits in seinen Entscheidungen auf diesen pluralistischen Ansatz. Der Gesetzgeber könne kraft des ihm eingeräumten Vorrechts bestimmen, auf welche Weise und in welchem Maße die Demokratisierung der Gesellschaft verwirklicht werden soll, stellt Groß fest. Der Staat sei dazu berufen, „außerhalb des Kernbereichs des Unabstimmbaren ... im öffentlichen Willensbildungsprozess unter Abwägung der verschiedenen, unter Umständen widerstreitenden Interessen nach dem Mehrheitsprinzip über die von der Verfassung offengelassenen Fragen zu entscheiden". Die Präsidentin des Bundesverfassungsgerichts, Jutta Limbach, forderte gar zur produktiven Unruhe auf (Jutta Limbach, a.a.O.).

Die "neuen Herausforderungen", vor denen der Staat steht und die in der Zwischenzeit teilweise umgesetzt wurden, sind von Frieder Naschold bereits 1995 in den Mitteilungen des Wissenschaftszentrums Berlin komprimiert vorgestellt worden. Er fordert die "Neukombination der grundlegenden Regulationsprinzipien öffentlicher Dienstleistungsproduktion". Auf der "politischen Tagesordnung" steht für Naschold "eine innovative Regulierung von politischer Verantwortung, administrativer Binnenmodernisierung, Marktorientierung und Besinnung auf staatliche Kernbereiche (gesellschaftliche Devolution)" (Frieder Naschold, a.a.O.).

Als Kern aller Programmatiken zur Modernisierung des öffentlichen Sektors in der OECD bezeichnet Naschold "die Funktionsverschiebungen in der strategischen Rolle des Staates von der Produzentenrolle zur Gewährleistungsrolle einerseits, die systematische Entkoppelung und Neuzusammensetzung von Programmierung, Realisierung und Finanzierung der Dienstleistungsproduktion andererseits." Über die traditionelle bürokratische Aufgabenerledigung hinaus öffneten sich mit diesen beiden "neuen Konstitutionsprinzipien" weitere Gestaltungsmöglichkeiten: "Ausdifferenzierung von Politik, Management und operativer Tätigkeit; Verschlankung und radikale Dezentralisierung der Organisationsstrukturen, Bildung von vielfältigen ergebnisorientierten Einheiten mit operativer Verselbständigung, Betonung des internen und externen Wettbewerbsumfelds bei der Aufgabenbestellung und insbesondere auch systematische Kunden/Bürger-Qualitäts-feedback-Systeme"(ebd.S.8).

Frieder Naschold sieht durchaus die Ambivalenz der Modernisierung des öffentlichen Sektors: "Die Abkehr von der administrativen Regelsteuerung", notiert er, "flexibilisiert und labilisiert das staatliche Regulierungssystem und lässt demgemäß degressive Entwicklungsvarianten im Sinne eines Abbaus von Wohlfahrtsstaat und

Demokratie, von 'ideologischer Privatisierung' und neotayloristischer Arbeitsintensivierung ebenso zu wie progressive Modernisierungspfade einer erhöhten produktiven und distributiven Effizienz von erweiterten Dezentralisierungs- und Beteiligungschancen." Er fährt fort: "Das Schicksal der Modernisierung hängt somit von der je spezifischen, im wesentlichen politischen Entwicklungsdynamik des Reformprozesses ab."(ebd.S.9).
Gestalten politisch-administrative Eliten den öffentlichen Sektor in der Weise, dass er den Erfordernissen der als vorherrschend betrachteten Globalisierung entgegenkommen soll, erhalten degressive Entwicklungsvarianten die Oberhand; d.h. der Abbau von Wohlfahrtsstaat und Demokratie schreitet voran, die Privatisierung von Teilbereichen des öffentlichen Sektors wird überall dort vorangetrieben, wo für private Betreiber sichere Gewinne locken[1], und neo-tayloristische Arbeitsintensivierung kehrt in den verbliebenen Einrichtungen des Staates ein. Setzten sich jedoch im Parteienwettbewerb politische Eliten durch, die sich von "erweiterten Dezentralisierungs- und Beteiligungschancen eine erhöhte produktive und distributive Effizienz" versprechen, werden sie in einer Entwicklungskoalition mit administrativen Eliten versuchen, progressive Modernisierungspfade einzuschlagen und dafür Sorge zu tragen, dass mit Hilfe einer "differenzierten und konsequenten Prozesssteuerung" der Erfolg angestrebt und langfristig abgesichert wird.
Im Wissen, dass politische Mobilisierung nur dann erfolgreich in konkrete Modernisierungsmaßnahmen umgesetzt werden kann, wenn durch eine "robuste und konsequente Verankerung im Institutionengefüge der Regierung" retardierende Kräfte an der Vereitelung der Reformen gehindert werden, verzichten sie bei der Einführung neuer Steuerungssysteme und der Reorganisation operativer Verwaltungseinheiten weder auf eine Prozesssteuerung, die unterschiedliche Zeitrhythmen, Zielsetzungen und Komplexitätsgrade berücksichtigt, noch auf eine "breite Absicherung über 'Meta-Organisationen' außerhalb des Regierungsapparats (politische und Fachverbände, Institutionen des internationalen Erfahrungsaustausches)“ (ebd. S.10).
Mit der Feststellung, dass der öffentliche Sektor von der administrativen Regelsteuerung Abschied nehmen muss, und mit einer Aufzählung geglückter Reformbestrebungen[2] steigt Naschold tiefer in die Besonderheit des Staates ein, der sich eben

---

1 „Nicht alle staatlichen Dienstleistungen eignen sich zur Privatisierung, vor allem nicht natürliche Monopole.“(Jürgen Krönig, a.a.O.).

2 "Produktive Leistungssteigerung durch Ausgliederung von Agenturen aus der Zentralverwaltung; Nutzung des 'Management by Results' (MbR); ergebnisorientierte Führung des Verhandlungsprozesses als Ansatz eines 'Total-Quality'-Management (umfassendes Qualitätsmanagement); Einsatz von MbR-Systemen als interaktive Planungen mit den Bürgern in den technischen und sozialen Bereichen; Verknüpfung von MbR-Systemen und systematischen Kunden /Bürger-Qualitätsfeedback-Systemen; Entkoppelung von Programmierung, Finanzierung und Implementierung im Sinne der öffentlichen Gewährleistung des Staates bei Variation seiner Leistungstiefe; Zusammenwirken von Ergebnisorientierung, Regulation und Wettbewerb in der kommunalen Ent- und Versorgung; Verknüpfung von MbR-Systemen und organisatorischen Auslagerungen im Sinne der Stimulierung eines institutionellen Wettbewerbs; Ausweitung der

nicht nur in eine Vielfalt von artikulierenden Elementen auffächert, sondern dem außer der eigenen Selbsterhaltung auch noch diejenige des strukturierten Ganzen zufällt. Der von Naschold gewählte Begriff "öffentliche Dienstleistungsproduktion" trifft scheinbar keine Unterscheidung zwischen den beiden sehr unterschiedlichen Bereichen, aber bezieht sich offenbar stärker auf den zweiten Bereich, denn Naschold würde im staatlichen Besitz befindliche, aber wie ein privates Geschäft geführte Unternehmen nicht als "öffentliche Dienstleistungsproduktion" bezeichnen. Selbst wenn solche Unternehmen ursprünglich der Komplettierung des industriellen Angebots gedient haben, das sich ohne staatliche Hilfestellung auf rein privater Basis nicht herzustellen vermochte, - und insofern der Selbsterhaltung des strukturierten Ganzen von Nutzen war -, verstärken solche Unternehmen später *die* Seite des Staates, die sich als ganz normale autonome Einheit von den anderen Einheiten nicht unterscheidet. Für solche staatlichen Unternehmen trifft zweifellos zu, dass sie marktorientiert sein sollen und gegebenenfalls auch in der Besinnung auf Kernbereiche privatisiert werden können. Solche Bereiche über die Anfangsgründe hinaus in öffentlicher Hand zu belassen, kann sogar den besonderen Charakter der öffentlichen „Dienstleistungsproduktion" unterminieren, wenn die für jenen Bereich gültige profit- und wettbewerbsorientierte Messlatte den Maßstab bildet, den der Staat seiner Tätigkeit zur Erhaltung des strukturierten Ganzen anlegen muss. Starres Beharren auf solche Bereiche verstärkt den Konflikt, um der Selbsterhaltung des strukturierten Ganzen willen stets gegen das andere seiner selbst prozessieren zu müssen. Schlägt dieser Konflikt eindeutig zu Gunsten des profit- und wettbewerbsorientierten unternehmerischen Verhaltens aus, verliert der Staat seine Besonderheit und konkurriert mit anderen diskursiven Formationen um die Erringung der Hegemonie. Die verbliebene öffentliche „Dienstleistungsproduktion" verkommt zum Anhängsel der hegemonialen Praxis des Staates[1].

Wenn in der Abkehr von administrativer Regelsteuerung das staatliche Regulierungssystem flexibler und labiler wird, folgt daraus eine sensiblere Handhabung der

---

Partizipationschancen der Beschäftigten und Weiterentwicklung der industriellen Arbeitsbeziehungen." (ebd.S.9).

1 Da strukturierte Ganze sich selbst erhalten, indem sie mit Hilfe des Staates die Abfolge antagonistischer hegemonialer Praxen ermöglichen, fällt staatlicher Selbsterhaltungstätigkeit die Aufgabe zu, gegen Bestrebungen hegemonialer Praxen vorzugehen, die eigene Existenz auf Kosten neu aufkommender hegemonialer Praxen zu verewigen. Offenheit für und Schutz der Praxen neu entstehender hegemonialer Formationen gegen Diskriminierung durch etablierte stoßen jedoch auch auf den Widerstand staatlicher Aktivitäten, die der Qualität des Staates als reguläres autonomes Element entstammen und sich nicht von der Praxis hegemonialer Formationen unterscheiden. In entstehenden Konfliktsituationen prozessiert deshalb der Staat zum Zwecke der Selbsterhaltung des strukturierten Ganzen gegen bestimmte Teile der eigenen, von vielfältigen Antagonismen durchkreuzten Identität. Bis zu welchem Zeitpunkt bzw. Reifegrad neu aufkommende hegemoniale Praxen sich des staatlichen Schutzes erfreuen können und dürfen, wird ebenfalls auf dem Felde der Diskursivität ausgetragen und durch die Konstruktion neuer - Bedeutung fixierender - Knotenpunkte entschieden.

Aufgabenbestellung; denn bei der stärkeren Berücksichtigung des internen und externen Wettbewerbsumfeldes kann es nicht gleichgültig sein, mit welchen Beeinträchtigungen in der Selbstverwirklichung der Bürger der vom Staat Beauftragte kalkuliert, um seine Kosten wettbewerbsgerecht so niedrig wie möglich zu halten. Würde beim Übergang von der Selbstproduktion des Staates zur Gewährleistung von Leistungen nichtstaatlicher Einrichtungen das ergebnisorientierte Management lediglich kosten- und nicht zugleich qualitätsorientiert (im Sinne der optimalen Selbstverwirklichung der Bürger) handeln, hätte die politische Verantwortung in der administrativen Binnenmodernisierung versagt und die Verschlankung sowie radikale Dezentralisierung der Organisationsstrukturen, verbunden mit der Bildung und Vervielfältigung operativ verselbständigter und ergebnisorientierter Einheiten, wäre in die falsche Richtung gelaufen. Heraus käme eine Verminderung der Partizipationschancen und zugleich eine Verschlechterung der Arbeitsbeziehungen.

Die von Naschold geforderte Entkoppelung und Neuzusammensetzung von Programmierung, Realisierung und Finanzierung erlaubt eine kritische Überprüfung der bisherigen Verknüpfung zwischen den drei Aufgabenfeldern und zugleich eine stärkere Ausdifferenzierung von Politik, Management und operativer Tätigkeit. Wenn jedoch in kurzer Zeit politische Eliten vollkommen gegensätzliche Strategien durchzusetzen versuchen oder im Parteienwettstreit Politiker in höchste Ämter aufsteigen, die dem Management intellektuell und an Erfahrung weit unterlegen sind, droht nicht nur die Verselbständigung des Managements und/oder die Lahmlegung der operativen Tätigkeiten, sondern aus der hoffnungsvoll begonnenen Ausdifferenzierung entstehen voneinander abgeschottete Bereiche, die ausschließlich mit ihrem reichhaltigen Innenleben beschäftigt sind.

Den Staat bzw. die öffentliche Dienstleistungsproduktion in diesem Sinne als Motor der gesellschaftlichen Entwicklung zu benutzen, erfordert auch, rechtzeitig auf die erweiterten Chancen vorzubereiten, so dass aus der stärkeren Dezentralisierung und Beteiligung sich ergebende Möglichkeiten ausgeschöpft werden können. Unterlassene Vorbereitung vergibt die Chance, die Selbstverwirklichungsvorstellungen der Beteiligten rechtzeitig aufzunehmen und zum Inhalt der vielgestaltigen Modernisierung zu machen. Gelingt der Umbau der organisationsrechtlichen Voraussetzungen im Sinne der pluralistischen Theorie, ist der Weg zur marktwirtschaftlich verfassten Zivilgesellschaft geöffnet und das Tor zum Experimentierfeld lebendiger und offener Lebensformen mit Vertrauensbildung „von unten“ aufgestoßen.

Unterbleiben die nötigen Schritte, drohen als Folge des fortschreitenden Prozesses der Globalisierung eine weitere Schwächung des Nationalstaats, der Verlust sämtlicher Steuerungsfunktionen und zum bitteren Ende die Marktgesellschaft mit der Subordination des Staates unter die Großakteure der Wirtschaft mit all den beschriebenen negativen Begleiterscheinungen für die Demokratie. Ein solcher Staat wird für autoritäre Handlungsmöglichkeiten neu ermächtigt. Es dominiert das Denken und Handeln für andere, die Selbstdarstellung als Avantgarde, die Vertrauensbildung „von oben“, die Oktroyierung von Zielen bis hin zur Demütigung der autonomen Subjekte. Der Staat geriert sich als Wegweiser zur Gewöhnung an unwirtliche Verhältnisse (Claus Offe, a.a.o.)

7. Der formlose Gegenhalt aus zivilgesellschaftlicher Sicht

7.1 Das Spannungsverhältnis zwischen Gegenhalt und Staat

Das Spannungsverhältnis zwischen bewusster staatlicher Tätigkeit und dem formlosen Gegenhalt, den die Vielfalt der hegemonialen Formationen untereinander entfalten, ist angesichts der für beide Formen gültigen Unübersichtlichkeit nie exakt zu bestimmen. Da der Staat immer schon involviert ist, existiert weder eine reine Entwicklungstendenz, die sich allein aus dem unbeeinflussten formlosen Gegenhalt der hegemonialen Formationen ergibt, noch lassen sich erkennbare Entwicklungstendenzen allein auf den staatlichen Eingriff zurückführen; denn auch Entwicklungstendenzen, die sich allein aus dem formlosen Gegenhalt ergeben, können niemals völlig aus dem Gesamtzusammenhang herausgefiltert und isoliert dargestellt werden.

So wenig wie das dennoch existierende Spannungsverhältnis geleugnet werden kann, so wenig weitsichtig wäre es, staatliche Tätigkeit zur Erhaltung des strukturierten Ganzen allein auf ein passiv eingreifendes Handeln beschränken zu wollen und das Moment des aktiven Eingreifens wegen der Gefahr, dass sich daraus strukturelle Gewalt ergeben könnte, von vornherein auszuschließen. Abgesehen davon, dass sich passives Verhalten unter veränderten Bedingungen zu einem aktiven Eingreifen verkehren kann, geht es immer nur um das geringstmögliche Ausmaß struktureller Gewalt.

Dieses ist zu erreichen, wenn im Vordergrund staatlicher Tätigkeit zur Erhaltung des strukturierten Ganzen stets dessen Ausgangspunkt im Blickfeld steht, nämlich dass sich in vielfältige Elemente aufsplitternde autonome Subjekt, aufgrund dessen artikulatorischer Praxen sich erst das gewaltige Gebäude der Vielfalt diskursiver und hegemonialer Formationen bildet. Jeder Staat, der die Erhaltung des strukturierten Ganzen rückhaltlos gegen den Einzelnen ausspielt, beseitigt nicht nur langfristig die Existenzgrundlagen beider (und damit auch die eigene), sondern kalkuliert ein unbegrenztes Ausmaß an struktureller Gewalt ein. Welches Ausmaß an struktureller Gewalt noch als zulässig und welches nicht mehr als akzeptabel erscheint, muss im Konflikt der widerstreitenden diskursiven Formationen immer wieder erneut ausgefochten werden. Innerhalb des zulässigen Ausmaßes verbleibt der „demokratische Experimentalismus" (Hauke Brunkhorst, a.a.O.), der sich in scharfer Ablehnung jeglicher Anmaßung, einen privilegierten Zugang zur Wahrheit zu haben, in höchstmöglicher Flexibilität und im engen Verbund mit den jeweils erkennbaren Differenzierungstendenzen seinen Weg sucht.

Flexibilität ist beispielsweise vonnöten, wenn die umgestaltende Kraft des Staates es mit Individuen zu tun hat, die auf zunehmende Differenzierungen mit Bedrohungsgefühlen reagieren, eigene Ansichten nicht als standortgebunden erkennen, die Einzelmeinung gegenüber dem Wechselspiel der Meinungen als klüger einschätzen, nicht den Widerspruch aushalten, mit ihrer Meinung individuell richtig, aber kollektiv falsch zu liegen, im Kompromiss bestenfalls die Mitte zwischen zwei Möglichkeiten betrachten und unwillig sind, Alternativen herauszubilden, sie auszuprobieren, später zu verwerfen und wieder neu anzusetzen. Flexibles Verhalten ist gefordert, wenn in der Mehrheit der Bevölkerung Toleranz gegenüber ungewohnten und nicht genehmen Abweichungen wenig verbreitet und aufgrund dessen die Belastbarkeit als sehr gering einzuschätzen ist. Beides, völlige Missachtung der Mehrheitsmeinung oder zu starke Rücksichtnahme auf sie, können staatliche Umstrukturierungsmaßnahmen so sehr verformen, dass aus ihnen wieder Formen struktureller Gewalt entwachsen. Im Sinne des demokratischen Experimentalismus den Staat als Motor der gesellschaftlichen Entwicklung zu benutzen, lässt sich mit einem Gang durch ein Minenfeld vergleichen. Trotz engster Anlehnung an erkennbare Differenzierungstendenzen bedarf experimentelle Praxis des Staates der Geduld und der Einsichtsfähigkeit der Betroffenen. Fehlgeschlagene Experimente haben das Geld verschlungen, das für nicht realisierte verfügbar gewesen wäre, erhöhen die Frustration der leer Ausgegangenen und vermehren den Korrekturbedarf.

Der Orientierungspunkt staatlichen Handelns ist und bleibt das Individuum. Das Individuum ist die sich selbst entwerfende extreme Differenz, einzigartig, frei in der Entfaltung seiner Elemente, darin angewiesen auf die volle Teilhabe an der Sphäre der Kommunikation und der politischen Entscheidung (Paolo Flores d'Arcais, a.a.O.). Seine unaufgebbare Verschiedenheit wäre zweifellos am besten in der symmetrischen Teilhabe an der Macht aufgehoben, oder wenigstens in der Perspektive auf eine solche. Aber das Individuum ist eine an einen Körper gebundene artikulationsfähige autonome Einheit und zugleich eine Einheit, die in vielfältige Elemente aufgespalten ist, von denen die einen zu Momenten diskursiver Formationen geworden sind und die anderen weiterhin flottieren. Als Teil diskursiver und hegemonialer Formationen trägt es zur Festigung des Ensembles relativ stabiler sozialer Formen bei und als flottierendes autonomes Subjekt ist es ihnen wiederum ausgesetzt. Als sich selbst immer wieder neu entdeckendes, neu erfindendes, "enorm wandlungsfähiges", "selbst formendes" Tier (Rorty, a.a.O.) durchbricht es die Formen des Ensembles immer wieder. Seine Einzigartigkeit erklärt sich durch das von Individuum zu Individuum spezifische Mischungsverhältnis beider Komponenten. In staatlichen Umgestaltungsmaßnahmen dieses Mischungsverhältnis prinzipiell für "alle" zu erhalten, so dass den vereinzelten Einzelnen eine faire Chance zur Entfaltung ihrer selbst geboten wird, kennzeichnet die Grenze, die der strukturellen Gewalt gezogen ist.

Für die bereits erwähnte Aufgabe des Staates, Flexibilitätsspielräume und -grenzen hegemonialer Formationen auszuloten, entsteht daraus die Forderung, darauf zu achten, dass die Spielregeln, die das Verhältnis zwischen Hegemonisierenden und Hegemonisierten bestimmen, eingehalten oder gegebenenfalls neu definiert werden. Hegemonisierte müssen vor maßloser hegemonialer Praxis geschützt und in ihrem Widerstandswillen durch Zurückdrängung ihrer Selbstaufopferungstendendenz bestärkt werden. Beispielsweise kann es sich als notwendig erweisen, mit zweit- und drittrangig an der Herrschaftsarbeit Beteiligten Äquivalenzketten gegen die inkriminierte hochrangige hegemoniale Formation zu errichten, um deren zerstörerischer Praxis Einhalt zu gebieten. Würde das - die Gesamtheit der Hegemonisierten erfassende - Mischungsverhältnis in extremer Weise zum Pol des unterwürfig abhängigen Bewusstseins[1] tendieren, wäre auf der Seite der Hegemonisierenden mit wach-

---

1 Haben autonome Subjekte in sämtlichen ihnen als möglich erscheinenden Subjektpositionen jeden Anspruch auf Teilnahme an der Herrschaftsarbeit aufgegeben, erzeugt die Einsicht, auf nicht absehbare Zeit hegemonisiert zu sein, ein unterwürfiges und/oder widerspenstiges abhängiges Bewusstsein. In der grundlegenden Bestimmung abhängigen Bewusstseins, in der Negativität und Objektivität nur durch ihre wechselseitige Subversion existieren, hat - hegelianisch ausgedrückt - das abhängige Bewusstsein sein Gegenteil (das herrschende Bewusstsein) unabänderlich als negative Beziehung an sich selbst und zugleich existiert jenes als Selbständiges außer ihm. Als selbständiges herrschendes Bewusstsein nimmt es - im Verhältnis von Artikulierendem und Artikuliertem - die Position des Artikulierenden gegenüber dem abhängigen Bewusstsein ein.
In dieser umfassenden Bestimmung sind vier weitere Bestimmungen enthalten:
1. Als Artikuliertes wird das abhängige Bewusstsein vom außer ihm existierenden und für es handelnden herrschenden Bewusstsein bestimmt und beugt sich ihm innerhalb der hegemonialen Praxis in einer Mischung von aufopferndem und widerwilligem Gehorsam.
2. Um die Praxis der hegemonialen Formation nicht nur verständnislos zu erleiden, sondern den Anspruch der hegemonialen Formation auf Überordnung auch erkennen und darauf adäquat reagieren zu können, muss das abhängige Bewusstsein hegemonisierter Subjekte dazu fähig sein, das herrschaftliche Bewusstsein an sich selbst wahrzunehmen; als Teil seiner selbst. Dies geschieht auf zweierlei Weise.
Es ist daran zu erinnern, daß die hegemonisierten Subjekte nicht als solche geboren wurden, sondern erst im Kampf mit der sich schließlich als hegemonial erweisenden diskursiven Formation dazu geworden sind und im Verlauf eines schmerzhaften, mit Niederlagen gespickten Prozesses jeglichen Anspruch auf Teilnahme an der Herrschaftsarbeit aufgegeben haben. Diese leidvolle Erfahrung dessen, was herrschaftliches Bewusstsein beinhaltet und im Abhängigen zu bewirken vermag, hat sich in ihren Bewusstseinen als furchtbesetztes "Überich" festgesetzt und wird für sie zum Orientierungspunkt künftigen Verhaltens, zum Maßstab ihres aufopferungsvollen Dienstes. Das in sie versenkte herrschaftliche Bewusstsein verhilft ihnen dazu, jenes außer ihnen und für sie handelnde Bewusstsein zu identifizieren und als solches anzuerkennen.
Weiterhin zeigt im Verhältnis totaler Äquivalenz jeder Pol ausschließlich das, was er nicht ist. Da er von dieser Seite von einer Pluralität von Bedeutungen überflutet wird, ist ihm die Negation seiner selbst (das herrschaftliche Bewusstsein) bekannt, jedoch nicht als plötzliche Eingebung, sondern - wie oben dargelegt - als sukzessive Folge eines länger dauernden schmerzvollen Kennenlernprozesses. Die Furcht stellt ein konstitutives Moment der Herausbildung von abhängigem Bewusstsein dar. Sie reicht bis zu den Wurzeln des Subjekts, beginnt mit der totalen Verunsicherung des sich unterlegen Fühlenden, dem Zerfließen seiner bis dahin als sicher geglaubten Fundamente, führt zur Einpflanzung des herrschaftlichen Bewusstseins in dasjenige des Untergeordneten in Form des "Überichs", dem es künftig in Selbstaufopferung dient, und schließt - je nach vorliegenden Bedingungen - die Erwartung von Anerkennung, Lob, Strafe und Verzeihung ein. Hörigkeit, guter Glaube, Selbsttäuschung, freiwillige Anpassung, frühzeitige Unterordnung, Erdulden, Verschweigen, Mimikry sind unter den Positionen, die von Subjekten mit abhängigem Bewusstsein vertreten werden, weit verbreitet; normalerweise stärker als der aktive und passive Widerstand in Form von Demonstration, Rebellion, Aufruhr und totaler Verweigerung, der dem abhängigen Bewusstsein als Möglichkeit ebenfalls zur Verfügung steht,

sender Ignoranz und Arroganz gegenüber den Hegemonisierten zu rechnen; denn zunehmende Selbstaufopferung der einen Seite riefe Selbstüberschätzung und Maß-

---

aber nicht für selbstverständlich gehalten werden darf.
3. Die Widerstandsmöglichkeit ergibt sich aus der dritten Bestimmung abhängigen Bewusstseins. Das - in vielfältigen artikulatorischen Praxen - Arbeitskraft verausgabende Subjekt macht die Erfahrung, dass es einen Teil seiner selbst (in schöpferischer und gestaltender Weise) veräußerlicht, dabei sich selbst verändert, sich mit dem Produkt seiner Tätigkeit identifiziert, zur Anschauung seiner selbst als eines selbständigen Gegenstandes gelangt und aus un- oder eingestandenem Stolz auf die von ihm erbrachte Arbeitsleistung seine Selbstachtung als vollwertiges Glied der Gesellschaft herleitet.
Diese Selbstachtung versetzt es in die Lage, der hegemonisierenden Seite selbstbewusst entgegenzutreten und von ihr als Gegenleistung Anerkennung in materieller wie immaterieller Form zu erwarten. Bleibt sie aus oder wird sie nur in unzureichender Form gewährt, ist damit der Stachel der Distanzierung und Entfremdung gelegt, der zur Opposition, Demonstration, Anklage, Rebellion bis hin zum Aufstand führen kann (in dessen Verlauf die hegemoniale Formation abgelöst oder umgekehrt auch erneut bestätigt wird), sofern diskursive Formationen das Über- und Unterordnungsverhältnis auf neue Weise konfrontativ antagonisieren.
4. Im Falle einer Ablösung steht die vierte Bestimmung abhängigen Bewusstseins zur Disposition: die Aneignung des vom hegemonisierten Subjekt in seinen artikulatorischen Praxen erbrachten unterschiedlichen Arbeitsleistungen durch die hegemonisierende Formation zum Zweck der weiteren Ausgestaltung des Ensembles relativ stabiler sozialer Formen zu Gunsten der hegemonisierenden Seite.
Dominiert unter den vier Bestimmungen des abhängigen Bewusstseins die zweite (der aufopferungsvolle Dienst am "Überich" [dem im Abhängigen versenkten herrschaftlichen Bewusstsein] in ihm und am herrschaftlichen Bewusstsein außer ihm), entsteht ein tendenziell introvertiert-kontrahiertes, von Furcht beherrschtes Subjekt. Überwiegt die dritte Bestimmung des abhängigen Bewusstseins (das in seiner artikulatorischen Praxis zu sich selbst findende und auf seine Arbeitsleistung stolze Subjekt) kristallisiert sich ein Subjekt heraus, das bereit ist, der Furcht zu trotzen und zur hegemonialen Formation in innere und äußere Distanz zu gehen, Abwehrbereitschaft gegenüber den täglichen Zumutungen der hegemonialen Praxis aufzubauen, zu protestieren, zu boykottieren, zu rebellieren und zu streiken, Isolierung und Ächtung in Kauf zu nehmen.
Beide selbständige Formen des abhängigen Bewusstseins stellen ein absolutes Gegensatzpaar dar. Absolute Furcht schließt Widerstand gänzlich aus und absoluter Widerstand kennt keine Furcht. Beide Formen zusammen konstituieren dennoch qualitativ und quantitativ das abhängige Bewusstsein. Der Grad des abhängigen Bewusstseins wird bestimmt von dem mehr oder weniger des einen oder anderen. Überwiegt die Furcht gegenüber dem Widerstand, hat man es mit einem unterwürfigen abhängigen Bewusstsein zu tun. Verhält es sich umgekehrt, spricht man von einem widerspenstigen abhängigen Bewusstsein. Ein abhängiges Bewusstsein, in dem kein Gramm Widerstand enthalten ist, stirbt an Selbstaufopferung; umgekehrt kündigt ein nur aus Widerstand bestehendes abhängiges Bewusstsein sein Verhältnis zur hegemonialen Formation auf und riskiert im Kampf gegen die hegemoniale Praxis seinen Untergang.
In der Regel gibt es fast immer ein Mischungsverhältnis zwischen beidem sowohl im Subjekt selbst wie in der Gesamtheit der Hegemonisierten. Welche prozentuale Verteilung zwischen unterwürfigem und widerspenstigem Bewusstsein in den verschiedenen Gruppen sowie der Gesamtheit der Hegemonisierten vorliegt, ist als erstes von der historischen Besonderheit der hegemonialen Formation abhängig. Das von ihr im Widerstreit mit anderen geschaffene Ensemble relativ stabiler sozialer Formen umfasst und prägt die Gesamtheit der Hegemonisierten.

losigkeit der anderen hervor, und das könnte zur Selbstzerstörung des strukturierten Ganzen führen. Verschöbe sich hingegen das Mischungsverhältnis in extremer Weise zugunsten des widerspenstig abhängigen Bewusstseins, würde die Verweigerungshaltung der Hegemonisierten kräftig zunehmen, und heraus käme ebenfalls eine Schwächung des strukturierten Ganzen. Wäre die Verschiebung jedoch mit der Entfaltung neuer, Gegenmacht akkumulierender hegemonialer Formationen verbunden, geriete staatliche Selbsterhaltungstätigkeit in die problematische Situation, von den alten zu neuen hegemonialen Formationen umschwenken zu müssen und während dieser Phase sowohl von den alten wie von den neuen hegemonialen Formationen untergraben zu werden. Da beide extremen Mischungsverhältnisse die Erhaltung des strukturierten Ganzen gefährden, sucht staatliche Selbsterhaltungstätigkeit nach Übereinstimmung zwischen dem realen Mischungsverhältnis und demjenigen, das der hegemonialen Formation adäquat ist bzw. sein könnte.

Im Zusammenhang mit der Aufgabe des Staates, Flexibilitätsspielräume und -grenzen hegemonialer Formationen auszuloten, entsteht als weitere Forderung, das Feld der Diskurse für die Aktivierung und Reaktivierung flottierender Elemente offen zu halten.

Wenn sich Differenzen schneller vermehren als die Anzahl artikulierter diskursiver Totalitäten und zur gleichen Zeit mehr flottierende Elemente entstehen als in Momente diskursiver Formationen umgewandelt werden, sind die zahlreichen Diskursformationen eher mit Inseln im Meer der noch nicht präzisen diskursiven Artikulation zu vergleichen als das umgekehrt Diskursformationen das sie umgebende Gebiet beherrschen. Der Spielraum für hegemoniale Formationen, sich durch Attraktion flottierender Elemente zu stabilisieren und die eigenen äußeren Grenzen weiter zu stecken, ist fast unbegrenzt. Andererseits stößt die Flexibilität der hegemonialen Formation dort auf eine absolute Grenze, wo der Zuwachs an flottierenden Elementen - zu Momenten diskursiver Formationen umgewandelt und in die Reihe der Äquivalenzketten eingegliedert - die inneren Parameter der Formation sprengt.

Der Gefahr, dass bei unkontrollierter Ausweitung entweder diskursive Formationen aus der Kette von Äquivalenzen verschwinden, weil einzelne Subjektpositionen sich aus ihnen zurückziehen und der Rest als Einzelteile in das Feld der noch unpräzisen diskursiven Artikulation zurückfällt, andere diskursive Formationen aufgrund der notwendig werdenden Neudefinition ihr Zuordnungsverhältnis bzw. die Fronten wechseln, oder gar das der Formation immanente Verhältnis zwischen Hegemonisierenden und Hegemonisierten unreparierbar zerrüttet wird, steht die Gefahr gegenüber, dass aus unflexibler Beschränkung auf das Bewährte keine Versuche unternommen werden, das unendliche Feld der Diskursivität auf noch weitgehend isolierte flottierende Elemente zu sondieren, die später zerstörend auf das strukturierte Ganze wirken könnten, oder aus Bequemlichkeit das Feld der Diskursivität nicht auf sich neu bildende Formationen abgesucht wird, die längerfristig als wertvolle Ergänzung der hegemonialen Formation einzuschätzen wären.

Um den Flexibilitätsspielraum einer hegemonialen Formation auszuloten, sucht staatliche Tätigkeit zur Erhaltung des strukturierten Ganzen also stets die Offenheit des Feldes der Diskursivität zu gewährleisten, damit neu entstandene Differenzen günstige diskursive Bedingungen für ihr Auftauchen aus der noch unpräzisen diskursiven Artikulation vorfinden und zusammen mit anderen zur Bildung neuer Diskursformationen angeregt werden. Für das Maß erreich- und verteidigbarer Autonomie ist dabei überhaupt nicht gleichgültig, wie stark die gesellschaftlichen Kräfte sind, von denen der Versuch unternommen wird, die Autonomie anderer Einheiten erst gar nicht zur Entfaltung kommen zu lassen und die Einheiten nach ihrem ersten Auftauchen auf dem Felde der Diskursivität gleich wieder zu begraben. Das vielfältig motivierte Verlangen nach Differenz darf von zupackender staatlicher Umgestaltungspolitik nicht zugeschüttet werden. Denn es ist als überhaupt nicht zu unterschätzende Ausformung und Überhöhung der Selbsterhaltung von autonomen Einheiten der eigentliche Treibstoff der gesellschaftlichen Entwicklung. Die in ihr erkennbar werdenden Differenzierungen geben an, in welcher Richtung Umgestaltung mit einem Mindestmaß an struktureller Gewalt möglich ist.

7.2 Die zivilgesellschaftliche Interpretation von Gesellschaft

In seinen Einleitungsworten zur SPD-Tagung über Zivilgesellschaft hat Jürgen Kocka den Punkt Motivationen angesprochen (Zivilgesellschaft, a.a.O.). Er nannte
- *den Schutz von Lebenswelten gegen die überbordende kapitalistische Marktwirtschaft (Abwehr der Durchkapitalisierung aller Lebenswelten);*
- *die erneute Orientierung auf ein Gemeinwohl angesichts der sich zerfasernden Gesellschaft, in der es bisher kein wirksames Widerlager gegen zu viel Markt und die drohende Gefahr der Entwicklung zu einer Marktgesellschaft gebe;*
- *die Umformung des überforderten Interventionsstaats zu einem die individuellen Kräfte aktivierenden Staat bzw. die Neubestimmung des Verhältnisses von Staat und Gesellschaft.*

Franz Müntefering, Generalsekretär der SPD, fügte ergänzend hinzu:
- *das Verlangen nach mehr Spielraum für Politikgestaltung;*
- *angesichts der täglich zunehmenden Informationsflut den Versuch, die verbreitete Desorientierung vieler Zeitgenossen zu überwinden („mit Wissen umgehen können“);*
- *das bereits vorhandene gesellschaftliche Engagement der Individuen - bis hin zum Ehrenamt - als unentbehrliches Element von Gesellschaftlichkeit zu würdigen und stärker einzubinden;*
- *im Spannungsverhältnis zwischen Individualisierung und Gemeinwohl die „individuelle Stärke“ zu fördern, um die bisher das Individuum stützenden, jedoch zunehmend zerfallenden gesellschaftlichen Gruppen und Kleingruppen zu ersetzen;*
- *die SPD von der dominierenden erwerbswirtschaftlichen Orientierung auf die zivilgesellschaftliche umzupolen.*

Im letzten Punkt wurde Müntefering von Karin Kortmann, Sprecherin der SPD in der Enquete-Kommission „Zukunft des Bürgerschaftlichen Engagements“ unterstützt. In ihren leitenden Fragestellungen - *Gerechtigkeit, Garantie der sozialen Sicherheit und Organisierung von Solidarität* - leuchteten die entscheidenden Merkmale einer Theorie der Zivilgesellschaft auf.

Anhand der erwähnen Motivationen kann ein erster Bestimmungsversuch des Knotenpunkts zivilgesellschaftlicher Theorie vorgenommen werden. Ausgangspunkt des Bestimmungsversuchs ist die Einsicht, dass aufgrund der fortgeschrittenen Informations- und Kommunikationstechniken die Vergleichbarkeit zwischen den Gesellschaften und damit die Grenzen der vormaligen Zirkulationssphären immer durchlässiger geworden sind und nur Gesellschaften global ihren Platz behaupten können, in denen einer hohen Anzahl ihrer handelnden Subjekte optimale Entfaltungsmöglichkeiten geboten werden (Helmut Willke, a.a.O.).

Hegemoniale Knotenpunkte, in denen Bedeutung teilweise fixiert werden kann, sind in existierenden Gesellschaften keine absolute Ausnahme (Der partielle Charakter dieser Fixierung ist Folge der Offenheit des Sozialen.). Einige unter ihnen können Verdichtungspunkte einer Anzahl sozialer Beziehungen bilden und somit zum Brennpunkt einer Vielzahl totalisierender Effekte werden (Laclau, Ernesto/ Mouffe, Chantal, a.a.O.). Ob die zivilgesellschaftliche Interpretation von Gesellschaft auf einen Verdichtungspunkt als Basis zurückgreifen kann, und ob auf jener Grundlage die Entfaltung einer hegemonialen Formation gelingt, die fähig und robust genug ist für den Kampf gegen die bisher vorherrschende neoliberale Interpretation, das hängt ab

- von der Anschlussfähigkeit des Knotenpunkts, für zahlreiche, in diskursiven Formationen erfassbare gesellschaftliche Phänomene eine sinnvolle Verknüpfung zu bieten;
- von der Motivation und Energie derjenigen, die diese Verknüpfungsarbeit vornehmen;
- von den Möglichkeiten der organisatorischen und institutionellen Sedimentierung der diskursiven Formationen;
- von deren Verbreitung durch Angliederung, Unterordnung bzw. Aufherrschung in Herrschafts-Abhängigkeits-Verhältnissen;
- von der Verstetigung der gesamten Bemühungen über einen längeren Zeitraum, so dass die Kapazitäten entfaltet, die versteckten Potentiale entdeckt und die Kämpfe gegen die antagonisierenden hegemonialen Formationen intensiviert werden können.

Der Knotenpunkt, der einer Theorie der Zivilgesellschaft zugrunde liegt, sind die handelnden Subjekte und die Bedingungen ihrer optimalen Selbstentfaltung in Respekt und voller Anerkennung des gleichen Strebens der Anderen. Obwohl die handelnden autonomen Subjekte in sich selbst bereits in vielfältige Elemente aufgespalten sind, so dass sie sich bestenfalls als „diffuse Identität" wahrnehmen und ihr Selbstverwirklichungsstreben in gegenläufigen bis hin zu widersprüchlichen Bahnen verläuft, sind sie dennoch als sich selbst bestimmende, bewusst und begründet handelnde autonome Subjekte für ihre Handlungen verantwortlich. In unterschiedlichen Kontexten handeln sie begründet und ihre Gründe können sie gegenüber an-

deren vertreten und mitteilen, so dass sie von anderen geteilt werden können. Den verschiedenen Dimensionen praktischer Verantwortung entsprechen laut Rainer Frost „ethische Selbstverwirklichung, persönliche Handlungsfreiheit, politische Selbstgesetzgebung und moralische Selbstbestimmung" als Autonomiebegriffe (Rainer Frost, a.a.O.). Keiner dieser Begriffe könne einen Alleinvertretungsanspruch erheben. Jede Person habe für sich „die konstruktive Aufgabe der Integration dieser Autonomieformen" zu leisten, was angesichts der Aufspaltung jedes Einzelnen in selbständig agierende Elemente zur Identitätsbildung um so notwendiger ist. Die persönliche Integrationsaufgabe könne nur gelingen, wenn die verschiedenen Autonomieformen innerhalb einer gesellschaftlichen Grundstruktur ebenfalls auf eine Weise verbunden werden, die nicht eine der Dimensionen der anderen opfert. Wenn für sämtliche autonomen Subjekte einer Gesellschaft gesichert ist, dass sie in ihren konkreten Handlungen dieser Integrationsaufgabe nachkommen können, ist das Postulat der Gerechtigkeit als eines der grundlegenden zivilgesellschaftlichen Merkmale erfüllt.
Avishai Margalit hat in seinem Buch über die „Politik der Würde - Über Achtung und Verachtung" das Gerechtigkeitspostulat noch durch den grundlegenden Begriff der anständigen Gesellschaft erweitert (Avishai Margalit, a.a.O.). Eine Gesellschaft ist laut Margalit dann anständig, wenn ihre Institutionen die Menschen nicht demütigen. „Unter Demütigung verstehen wir alle Verhaltensformen und Verhältnisse, die einer Person einen rationalen Grund geben, sich in ihrer Selbstachtung verletzt zu sehen", schreibt Margalit (ebd.S.23). Demütigung sei die Ausdehnung der Grausamkeit vom physischen auf den psychischen Bereich. Demütigung, betont Margalit, ist seelische Grausamkeit. „Es reicht nicht, dass die Institutionen einer anständigen Gesellschaft nur auf körperliche Gewalt verzichten; sie müssen auch seelische Grausamkeit vermeiden."(ebd.S.109). Demütigung, sagt er, sei der Ausschluss eines Menschen aus der „Familie der Menschen", als ob sie etwas anderes wären: leblose Objekte, Werkzeuge, Tiere oder eine bloße Nummer (ebd.S.135). Strukturelle Gewalt ist für Margalit „demütigend" (ebd.S.157). Eine anständige Gesellschaft zeichne sich dadurch aus, dass sie diejenigen identitätsstiftenden Gruppen, die moralische Legitimität beanspruchen können, nicht ausschließt (ebd.S.172).
Margalit kommt zu dem Schluss, dass Demütigung ein Begriff ist, der auf seinen Gegenbegriff angewiesen ist, und dieser lautet Achtung. „Nur wenn wir über einen Begriff menschlicher Würde verfügen, können wir auch erfassen, was Entwürdigung heißt" (ebd. S.181). Die Verletzung der Privatsphäre umfasst den Ausschluss von Personen oder Gruppen und den Entzug von Kontrolle bzw. die Zerstörung der menschlichen Autonomie (ebd.S.237). Armut und Arbeitslosigkeit sind für Margalit entwürdigend, wobei Formen des Gebens sowohl in einer Wohltätigkeits- wie in einer Wohlfahrtsgesellschaft auch erniedrigend sein können. Margalits Forderung, dass eine gerechte Gesellschaft auch anständig zu sein habe, heißt für ihn, dass es nicht damit getan sei, Güter gleich und effizient zu verteilen, vielmehr müsse auch die Art und Weise der Verteilung berücksichtigt werden (ebd.S.321).

Unabweisbar schmälert jede Form von Demütigung die Garantie der sozialen Sicherheit, steht der Organisierung von Solidarität entgegen und verhindert die optimale Selbstentfaltung von autonomen Subjekten. Das von Margalit formulierte Modell einer zivilen Gesellschaft beansprucht selbst im Urteil des Autoren keine Übereinstimmung mit der tagtäglich erlebbaren gesellschaftlichen Praxis und es unterscheidet sich erheblich von der in dieser Studie vorgelegten Gesellschaftsauffassung. In jenem Modell entsteht auf der Grundlage der vielfältigen artikulatorischen Praxen von autonomen Subjekten ein gewaltiges Gebäude diskursiver und hegemonialer Formationen mit einem hohen Maß an gesellschaftlicher Komplexität, das sowohl auf der Ebene des Diskurses wie auf der Ebene des organisatorisch wie institutionell sedimentierten Resultats durch Herrschaft und Beherrschung, Über- und Unterordnung und durch Konsens wie Dissens über selbstgesetzte wie historisch übernommene Regeln des Zusammenlebens - bis hin zu kodifizierten Grundrechten und Rechtssystemen - geprägt ist, und das wiederum in die artikulatorischen Praxen der autonomen Einheiten steuernd eingreift und auch zur Etablierung, Stabilisierung und Nivellierung von Hierarchien eingesetzt werden kann. Bezugsrahmen für das handelnde Subjekt ist auf dieser Basis die zwar „zentrumslose", aber deshalb nicht weniger machtdurchsetzte, „vollständig reflexive und mobilisierte Gesellschaft, die ihre Normen und Werte immer wieder neu aushandeln und kräftezehrend bestätigen muss" (Thomas Assheuer, a.a.O.), in der der Weg gesellschaftlicher Entwicklung nicht vorherbestimmt ist und in der die Zukunft auch „höherer Einsicht" verschlossen bleibt. In diesem strukturierten Ganzen vielfältiger artikulatorischer Praxen ist das Neben- und Nacheinander institutionalisierter Machtkonstellationen, ihr kontinuierliches Verfestigen und Aufbrechen im politischen Kampf hegemonialer Formationen konstitutiv, was keineswegs ausschließt sondern umgekehrt voraussetzt, dass im öffentlichkeitsrelevanten Diskurs eine Vielzahl flottierender Elemente und diskursiver Formationen außerhalb der hegemonialen Formationen verbleibt bzw. in lockerer Verbindung zu ihnen existiert. Im Vergleich zu diesem machtdurchzogenen Gesellschaftsmodell ist die von Margalit beschriebene anständige Gesellschaft als machtvergessen zu charakterisieren. Margalit betont selbst, dass er vor allem zeigen möchte, wie eine nicht demütigende Gesellschaft aussehen würde und fordert dazu auf, sich diesem Ideal zu nähern. Ob der Weg der realen Gesellschaften dorthin führt und ob die anvisierte Zivilgesellschaft als eine Vorstufe dieses Endzustandes angesehen werden kann, bedarf noch der weiteren Diskussion.

Das letzte Jahrhundert wurde noch vorwiegend von Machtkonstellationen beherrscht, die eng mit der industriellen Produktion verbunden waren und die außer auf wissenschaftlichem Gebiet noch keinen umfassenden Bedarf an diskursiver Vermittlung ihrer hegemonialen Praxen anmeldeten. Im Vergleich zur sämtliche gesellschaftlichen Bereiche durchdringenden Produktionssphäre war das Feld der Diskurse damit auf einen geringen Teil der Bevölkerung begrenzt und die überwiegende Mehrheit der abhängig Beschäftigten in Industrie, Handel, Verkehr und

Landwirtschaft sowie in der staatlichen Bürokratie verblieb im Vorraum der unpräzisen Artikulation bzw. der lebensweltlichen Kommunikation. Nur wenigen bot sich die Chance, selbst auf dem Felde des öffentlichkeitsrelevanten Diskurses aufzutauchen und sich an der Entfaltung diskursiver Formationen aktiv zu beteiligen. Die Akteure der institutionalisierten Mächte betrachteten die Mehrheit der abhängig Beschäftigten als Hegemonisierte, die zu ihrer Artikulation in der Öffentlichkeit der Fürsprache von Repräsentanten bedürften. Abgesehen vom originären kulturellen und universitären, gewollt machtfreien, aber keineswegs machtvergessenen Ursprungsfeld des Diskurses und einem vom Staat betriebenen Verlautbarungsdiskurs fand der öffentlichkeitsrelevante Diskurs vorwiegend in und zwischen den Akteurszirkeln der von ihnen repräsentierten Bevölkerung statt. Der Diskurs über die Repräsentierten und für sie vermengte sich heillos mit dem Diskurs der Zirkel über sich selbst und mit dem vom Staat angetriebenen Diskurs. Das Resultat könnte man als „machtdurchsetzte Öffentlichkeit" bezeichnen, dem machtfreie Diskursbereiche hier und da (ungeplant, aber auch beabsichtigt) eingelagert waren.
Der seit einiger Zeit zu beobachtende Rückgang des Anteils der industriellen Produktion am Bruttosozialprodukt der führenden Industrieländer, der steile Anstieg des Dienstleistungssektors auf der Grundlage neuer Informations- und Kommunikationstechnologien, begleitet von der globalen Ausdehnung der Unternehmensstrategien und Finanzmärkte, sowie einem fortschreitenden Verfall einstmals mächtiger gesellschaftlicher Gruppen, hat zur generellen Expansion der öffentlichen Sphäre geführt.[1] Nachweisbar ist, dass seit einiger Zeit Erwerbsarbeit in neuer, individualisierter und mehr Vorbildung erfordernder Form auftritt, Produktpflege der intensiven „Öffentlichkeitsarbeit" bedarf, bürgerschaftliches Engagement bis hin zur ehrenamtlichen Tätigkeit einen neuen gesellschaftlichen Stellenwert erhält und die diskursive Vermittlung in der komplexer gewordenen Gesellschaft einen breiteren Raum als früher einnimmt. Dienstleistung in verschiedenster Form und ziviles bzw. bürgerschaftliches Engagement scheinen in vielen gesellschaftlichen Bereichen zu einer eigenständigen Einheit zu verschmelzen. Leitbilder von Parteien und Verbänden berücksichtigen bereits die Änderung der Blickrichtung und propagieren aus unterschiedlichen Gründen ein stärkeres bürgerschaftliches Engagement. So forcierte Matthias Machnig, Bundesgeschäftsführer der SPD, die programmatische und organisatorische Neuausrichtung der SPD zur „Netzwerkpartei" (Weiterentwicklung ihrer Organisationskompetenz): „Die Umwälzung gesellschaftlicher Formationen folgt einem Muster, das der amerikanische Soziologe Manuel Castells als Vorbote einer Netzwerkgesellschaft bezeichnet. Wenn die SPD den Anspruch hat, gesellschaftliche Formationen abzubilden, um so Interessen artikulieren und bündeln zu können, dann ist zu fragen, ob sie nicht selbst zu einer Netzwerkpartei wer-

1 Nach Seyla Benhabib entsteht eine öffentliche Sphäre immer dann und dort, „wo alle die, die von allgemeinen sozialen und politischen Handlungsnormen betroffen werden, in einen praktischen Diskurs eintreten, um über deren Richtigkeit zu befinden."(Seyla Benhabib, a.a.O.).

den muss. Das ist eine Partei mit in unterschiedlichem Maße und zu unterschiedlichen Zeiten aktiven Mitgliedern, aktiven Unterstützern und interessierten Dialogpartnern. Sie sind das wichtigste Kapital der Netzwerkpartei, weil ohne sie kein direkter Dialog mit Bürgerinnen und Bürgern möglich ist. Das Ziel dieser vernetzten Zentren politischer Aktivität ist es, demokratische Bürgerkoalitionen zusammenzufügen, die sozial und kulturell weit heterogener sind als es die sozialdemokratische Wählerschaft in der Ganzheit der Volksparteien gewesen ist."(Matthias Machnig, a.a.O.). Insbesondere an Machnigs Vorstoß enzündete sich der Vorwurf, die SPD wolle lediglich den Begriff Zivilgesellschaft besetzen, sich als gesellschaftspolitische Avantgarde inszenieren und auf dem Felde der politischen Öffentlichkeit die „neue Mitte" definieren. Zugestanden wurde ihr der Versuch, die Sozialdemokratie neu zu positionieren, um die sich „ausweitende Kluft zwischen Partei und gesellschaftlichem Umfeld zu schließen, das Auseinanderdriften verschiedener politischer Kulturen zu verhindern, ..." (Gerd Mielke, a.a.O.,S.710).
Vor welchen Problemen die Sozialdemokratische Partei in der Ansprache ihres auseinander driftenden Wählerpotentials seit einiger Zeit steht, zeigen einschlägige Studien: „Bürgerschaftliches Engagement ist in hohem Maße mit den Statusmerkmalen verbunden, die auf Integration und Anerkennung in der Arbeitsgesellschaft hindeuten. Umgekehrt bleiben soziale Gruppen, die besonderen Arbeits- und Statusrisiken ausgesetzt sind, von wenigen Ausnahmen abgesehen, dem bürgerlichen Treiben weitgehend fern. Mit anderen Worten: Das untere Drittel der sozialen Hierarchie - Unterschichten, untere Mittelschicht, Teile der *declining middle* - tut sich schwer mit Selbstorganisation und Selbstverantwortung. Die Bereitschaft und Fähigkeit, eigenständig neue Optionen sozialen Handelns jenseits der Verhaltens- und Zuteilungsmuster des traditionellen Wohlfahrtstaates zu realisieren, ist ganz wesentlich eine Funktion des sozio-ökonomischen Status: Bildung, Einkommen, Arbeitsplatzsicherheit, Zeitreichtum und Sozialprestige wirken als sozialstrukturelle Filter - auch für bürgerschaftliches Engagement." (ebd., S.704/705)(Gründungsaufruf, a.a.O.).
Als erstes ist der bereits erwähnte, aber zunehmend schillernde Begriff der Öffentlichkeit zu untersuchen.[1] Der variable öffentliche Raum als Feld des öffentlichkeitsrelevanten Diskurses wird von unterschiedlichen Kräften mit differierenden Motiven erobert, besetzt und wieder verloren. Macht zeigt sich, wird öffentlich. Aber die Vielzahl der öffentlichkeitsrelevanten Diskurse wirkt auch auf die festgefügten organisatorischen wie institutionellen Kräfte und die flottierenden autonomen Ein-

1 Eindeutig ist dieser Begriff nur als Zentrum einer diskursiv angelegten Demokratietheorie, jedoch an sehr einschränkende Bedingungen geknüpft, z.B. an die „politische Mobilisierung und Nutzung der Produktivkraft Kommunikation" (Jürgen Habermas, a.a.O.). Die „Rollen des Klienten und des Staatsbürgers" müssen überwunden werden (ebd.S.41). Geeignete institutionelle Verfahren müssen es allen möglichen Betroffenen ermöglichen, am Diskurs teilzunehmen. Vorausgesetzt wird weiterhin die „Gleichberechtigung der Parteien, Zwanglosigkeit der Interaktion, Offenheit für Themen und Beiträge, Revidierbarkeit der Ergebnisse" (ebd.).

heiten als Macht der Öffentlichkeit zurück. Gerhard Göhler hat in „Macht der Öffentlichkeit - Öffentlichkeit der Macht" (a.a.O.) diesen Zusammenhang ausführlich dargestellt.

8. Grundlagen der Zivilgesellschaft

Nicht ohne Grund rückt das ehrenamtliche Engagement von Bürgern in den Mittelpunkt des Interesses, wenn es darum geht, zivilgesellschaftliche Lebensformen zu erklären. Die ehrenamtliche Tätigkeit stellt eine Form der Selbstverwirklichung dar, die auf den ersten Blick nicht mit der der Selbsterhaltung verknüpft zu sein scheint. Sie repräsentiert die verselbständigte Form der Selbstverwirklichung. Ebenso existieren verselbständigte Formen der Selbsterhaltung wie beispielsweise ein Leben an der Grenze des Existenzminimums. Beide Lebensformen verweisen aber zugleich auf ihr Gegenteil. Ein Dasein ausschließlicher Selbsterhaltung erlebt im quälenden Alltag das immer wieder vergebliche Streben nach Selbstverwirklichung und die ehrenamtliche Tätigkeit als verselbständigte Form der Selbstverwirklichung kann ohne anderweitig garantierte Selbsterhaltung nicht ausgeübt werden. Diesen Zusammenhang gilt es in Erinnerung zu halten, wenn über einzelne Formen von Zivilgesellschaft berichtet sowie über ihre Verortung und ihr Gewicht im gesellschaftlichen Gesamtzusammenhang diskutiert wird.

Bereits das immer wieder zitierte Beispiel der griechischen Polis, in der sich laut Aristoteles der Mensch als politisches Lebewesen verwirklicht, beruht auf der Privatsphäre (Oikos), in der Unfreie bzw. Sklaven die Selbsterhaltung der freien Bürger garantieren. „Die Kehrseite der Polis-Faszination ist", gemäß Günter Frankenberg, „daß die Privatsphäre nurmehr als quasi natürlicher Unterbau oder politisch neutrale Zone gegenüber dem Politisch-Öffentlichen erscheinen kann und die Grenzziehung selbst außer Frage steht" (Günter Frankenberg, a.a.O., S.43). Hat man erst einmal die Privatsphäre in Gestalt der Familie und der Ökonomie rigoros von der Politisch-Öffentlichen getrennt und obendrein die Selbsterhaltung allein der ersten und die Selbstverwirklichung allein der zweiten Sphäre zugeschlagen, scheint die Selbständigkeit beider Bereiche vollständig unterschiedliche Entwicklungen möglich zu machen. Tatsächlich lahmt aber jede noch so großartige demokratische Ausgestaltung der Selbstverwirklichungssphäre, wenn das gleiche Prinzip in der Sphäre der Selbsterhaltung nicht oder nur sehr eingeschränkt gilt. Ist beispielsweise das Postulat der Mitbestimmung zwischen beiden Sphären höchst ungleich verteilt, ist gegenseitige Beeinträchtigung programmiert.[1]

Die Hoffnung, über eine ausdifferenzierte Zivilgesellschaft die Sphäre der Ökono-

---

1 „Immer weniger Arbeitnehmer können von ihrem Recht auf Mitbestimmung und Demokratie am Arbeitsplatz Gebrauch machen, nur noch 35 Prozent der Beschäftigten sind von Betriebsräten vertreten. Das liegt kaum daran, dass die Arbeiter und Angestellten nicht mehr mitwirken wollen. Vielmehr sucht sich eine wachsende Zahl von Arbeitgebern mittels geschickter Aufspaltungen von Betrieben oder durch Druck auf Belegschaften der Mitbestimmung zu entledigen. ... Verfügungsmacht über Sachen und Menschen bedarf der Kontrolle durch Mitbestimmung. Das erst macht eine freiheitliche Gesellschaft aus. ... Demokratische Rechte nämlich wirken der Entfremdung und dem Gefühl der Fremdbestimmung entgegen, wie dies jetzt auch viele der angeblichen Kronzeugen neoliberaler Deregulierer, die Beschäftigten von Internet- und Softwarefirmen, in der Krise ihrer Branche brutal erfahren."(Hilmar Höhn, a.a.O.).

mie beeinflussen oder gar lenken zu können, knüpft am gegenseitigen Bezug von Selbsterhaltung und Selbstverwirklichung an, an der ungleichgewichtigen quantitativen Verteilung beider Momente in ihrem Beziehungsverhältnis zueinander. So vermindert sich für das autonome Subjekt der selbsterhaltende gegenüber dem selbstverwirklichenden Anteil, wenn weniger Tages- und Lebenszeit für die reine Erwerbstätigkeit und Reproduktion des Lebens benötigt wird bzw. wenn innerhalb der Erwerbstätigkeit Zeit freigesetzt werden kann für die Selbstverwirklichung. Tritt für die Mehrheit der Bevölkerung das Moment der Selbsterhaltung gegenüber dem Moment der Selbstverwirklichung stärker in den Hintergrund, vergrößert sich für jeden Einzelnen die Möglichkeit, an der Vielfalt der Diskurse erstmals oder häufiger als in der Vergangenheit teilzunehmen. Werden die Möglichkeiten in artikulatorische Praxen umgesetzt, verändert sich das quantitative Verhältnis von Privatsphäre und öffentlichem Raum. Letzterer nimmt zu. In ihm werden die verschiedenen Bereiche der Öffentlichkeit neu strukturiert.

Betroffen ist an erster Stelle das Verhältnis von Produktion und Markt. Die Sphäre der Produktion von Waren und Dienstleistungen hat sich auf neu entstehende Bedürfnisse, eine sich verändernde zahlungsfähige Nachfrage und die Umstrukturierung der bisherigen Produktion einzustellen. Der Markt als ökonomisches Segment der Öffentlichkeit wirkt auf die Sphäre von Produktion und Dienstleistung zurück. Selbst Monopolisten können sich durch Vermachtung der Märkte bzw. die Beseitigung der Öffentlichkeit nur für begrenzte Zeit gegen diese Entwicklung stemmen.

Herausgefordert ist auch das Verhältnis zwischen dem Staat in seiner Eigenschaft als institutionalisierte Kraft zur Selbsterhaltung von Gesellschaften und der auf ihn bezogenen Öffentlichkeit. Neue Diskurse stellen die Regelungsbefugnis des Staates entweder ganz in Frage oder sie schlagen vor bzw. fordern, die Regelungsbefugnis auf eine neue, von ihnen diskursiv erarbeitete Gemeinwohlbestimmung (Göhler, a.a.O., S.16) auszurichten und die entsprechende organisatorische und institutionelle Restrukturierung vorzunehmen.

In Frage gestellt sind auch Bereiche, die bisher der Privatsphäre zugeschlagen und dem öffentlichkeitswirksamen Diskurs entzogen blieben, wie die früher als privat behandelte Intimsphäre (der Bereich des Haushalts, der Befriedigung der alltäglichen Bedürfnisse, der Bereich der Sexualität und Reproduktion und der Sorge für Kinder, Kranke und Alte). Der auch „dritter Sektor" genannte Bereich wie Stiftungen und Genossenschaften bringt es auf einen Beschäftigungszuwachs von jährlich vier Prozent und hat bereits einen Anteil an der Gesamtbeschäftigung von fünf Prozent (Thomas Vesper, a.a.O.) So erhält die Nachbarschaftshilfe aufgrund der Auflösungstendenzen der Familie eine neue gesellschaftliche Bedeutung. Sie führt zur Bildung neuer diskursiver Formationen über einen adäquaten Ersatz von familiären Schutzfunktionen für den Einzelnen.[1] Netzwerken, in denen neuartige Orga-

---

1 „Sozialwissenschaftliche Studien belegen - ungeachtet ihrer methodischen Probleme - die nach wie vor erhebliche Dominanz der traditionellen Organisationen wie Kirche, Sport, Feuerwehr

nisationsformen und institutionelle Absicherungen praktiziert werden, steht eine zivilgesellschaftlich orientierte Öffentlichkeit gegenüber, die sich als neuer Öffentlichkeitsbereich neben dem traditionellen konstituiert und eine Neustrukturierung der Pluralität der voneinander getrennten wie verzahnten Öffentlichkeiten hervorruft.[1] Diesen neuen Öffentlichkeitsbereich als künftig gesamtgesellschaftlich prägend zu bezeichnen und sein geringes Ausmaß an Machtzusammenballung auf der Seite der organisatorischen und institutionellen Verfestigung zum Quell einer machtentleerten Gesellschaft zu erklären, vernachlässigt oder verleugnet, dass der Kampf um kommunikative Macht nicht ausschließlich, aber zu einem erheblichen Teil mit der Bildung hegemonialer Formationen und ihrer organisatorischen und institutionellen Sedimentierung verknüpft ist[2]. Jede diskursive Formation, die eine Hegemonie über andere anstrebt (und mag sie auch noch so bescheiden beginnen), überschreitet sehr bald den Punkt, an dem die Selektionsleistungen der hegemonisierenden Seite auf die hegemonisierte übertragen werden sollen und an dem der Kampf um kommunikative Macht in Positionskämpfe mit anderen hegemonialen Formationen eintritt. „Der gesamte Dritte Sektor erlebt nicht nur ein stürmisches Wachstum, der alle Sektoren und Branchen erfasst", bestätigt Helmut Anheimer. Zunehmend werde nach Spielregeln Ausschau gehalten, die auch für die übrige Wirtschaft gelten. Managementsysteme halten Einzug. Nach Controlling-Grundsätzen wird verwaltet (Thomas Veser, a.a.O.). Der Grenzbereich zwischen machtdurchsetzter und machtfreier Öffentlichkeit unterliegt der kontinuierlichen Verschiebung, die Grenze zwischen ihnen ist niemals exakt zu bestimmen.[3] Gegenwärtig entsteht so gar be-

und Rotes Kreuz auf dem Felde des Ehrenamtes. Andererseits ist der Anteil neuer Formen bürgerschaftlichen Engagements in Selbsthilfegruppen, Kulturvereinen oder Umweltinitiativen in den letzten Jahren deutlich gewachsen. Und auch in den Traditionsbereichen zeichnen sich neue, auf mehr Teilhabe und Mitbestimmung ausgerichtete Formen des Engagements ab. Zusätzlich vermelden die einschlägigen Studien ein umfangreiches Potential an Menschen, die ihre Mitwirkung in bürgerschaftlichen Formen und Organisationen als realistische Option betrachten." (Gerd Mielke, a.a.O.,S.702).

1 „...es gibt in den Gesellschaften des westlich-kapitalistischen Typus keine politisch relevanten Bereiche mehr, in denen der Anspruch autonom-spontaner Diskursivität ungestört von instrumenteller Anbindung an Formen einer bereits organisierten Öffentlichkeit sich durchsetzen und über längere Zeit bestehen könnte." (Udo Bernbach, in: Gerhard Göhler, a.a.O., S.29).

2 Was hier unter hegemonialen Formationen und ihrer organisatorischen und institutionellen Sedimentierung gefaßt wird, benennt Frankenberg mit anderen Worten im folgenden Zitat: „Am Merkmal der Publizität lassen sich besonders deutlich die Risiken des zivilgesellschaftlichen Projekts und die ambivalenten Reaktionen illustrieren, die durch sie ausgelöst werden. Jeweils herrschende Mehrheiten, ´the powers that be´, unternehmen mannigfaltige Versuche, ihnen missliebige Gruppen oder Themen aus der öffentlichen Sphäre zu verbannen, oder aber bestimmte Formen der Meinungsäußerung und Interessendurchsetzung zu verbieten, um sich selbst oder die vorfindliche politische Ordnung strukturell zu verewigen." (Frankenberg, a.a.O.S.93).
Über die Machtvergessenheit der diskursiven Demokratiekonzeption siehe auch bei *Michael Th. Greven*, Macht in der Öffentlichkeit der Demokratie, in: Gerhard Göhler, a.a.O., S.83.

3 Da herrschaftliche Diskurse eleganter und weniger Widerstand hervorrufend durch gesell-

reits der Eindruck „zerstreuter Öffentlichkeiten“, zwischen denen Konsensbildung und Manipulationsversuche gleichermaßen zerrieben werden (Niels Werber, a.a.O.). Günter Frankenberg unternimmt unter den Stichworten „Assoziationswesen“ (von Habermas ausgeliehen) und „fiktiver Kontrakt“ den Versuch, die auf dem Felde der zivilgesellschaftlich zugewandten Öffentlichkeit agierenden Akteure näher zu bestimmen. „Gegenüber einem fiktiven Kontrakt und einem hiermit unterstellten Einigungskonsens“, schreibt er, „treten nunmehr die Mitglieder einer Gesellschaft als Akteure ins Bild, die sich, wollen sie ihre unterschiedlichen Bedürfnisse und Interessen, Überzeugungen und Lebenspläne verwirklichen, unablässig in eine Vielzahl von Konflikten verstricken. Zur Bewältigung dieser Konflikte schließen sie sich in unterschiedlichen Vereinigungen, Gruppen, Inititativen und Organisationen zusammen.“ (Frankenberg, a.a.O., S.53/54).
Die Fähigkeit zur Bildung von Assoziationen wird ohne Zweifel durch die Aufspaltung des autonomen Subjekts in vielfältige Elemente und vielgestaltige, bis zur völligen Disparität und Widersprüchlichkeit reichende artikulatorische Praxen gefördert. Es selbst nimmt sich ja bereits vielgestaltig, als diffuse Identität wahr. Die von Frankenberg als Problem bezeichnete Herstellung des „symbolischen Bandes“, das für alle autonomen Subjekte „einen Rahmen der Zugehörigkeit konstituiert, innerhalb dessen sie sowohl ihren Status wie auch ihre grundlegenden wechselseitigen Rechte und Pflichten verorten können“, ist als ein dem autonomen Subjekt äußerliches Band nur denkbar, wenn dem äußeren Band ein anderes, dem autonomes Subjekt immanentes Band entspricht, was zwischen den disparaten Teilen seiner diffusen Identität vermittelt und von seiner Selbsterhaltung abgestützt wird (ebd. S.77). „Soziale Sicherheit“, aufgefasst als „Gewissheit hinsichtlich der Zugehörigkeit zu einem Sozialverband und der damit verbundenen rechtlichen Ansprüche und Verantwortlichkeiten“, bedarf also der doppelten, nach innen wie nach außen wirkenden Bindung. Dem autonomen Subjekt erwächst eben aus seiner Beteiligung an vielfältigen diskursiven wie hegemonialen Formationen ein strukturiertes Gegenüber, dessen Wirkungsmacht es selbst als Flottierendes unterworfen ist.[1]
Nach Frankenberg begründet aber nicht bereits jedes von Assoziationen ins Leben gerufene „Ensemble von Beziehungsnetzwerken“ Zivilgesellschaft, sondern erst ein besonderer Typus von zivilgesellschaftlichen Assoziationen. „Kennzeichnend für diesen Typus sind die Art und Weise der internen Organisation und Willensbildung, die Handlungsorientierungen der Mitglieder und ihre Konfliktpraxis. Von zivilgesellschaftlichen Assoziationen kann demnach sinnvollerweise erst die Rede sein,

---

schaftliches Fahrwasser gleiten, wenn sie sich aus manipulativer Absicht als Teil der zivilgesellschaftlichen Öffentlichkeit präsentieren, kann allein schon aus diesem Grunde die Grenze zwischen machtdurchzogener und unvermachteter Öffentlichkeit niemals exakt fixiert werden. „In ihrer symbolischen Repräsentation schafft sich Herrschaft zum Zwecke der Selbst-Stabilisierung ihre eigene theatralisierte Öffentlichkeit...“(Göhler, a.a.O., S.18), die eben auch in unverdächtigem Gewande auftreten kann.

1 Dies gilt auch für die unpräzise Artikulation von autonomen Subjekten, z.B. dem Vorurteil.

wenn

a) sie einen selbstorganisierten Handlungszusammenhang darstellen, nicht etwa auf einem staatlichen Stiftungsakt beruhen,
b) sich ihre Mitglieder wechselseitig die gleichen Rechte zugestehen, alle daher in prinzipiell gleicher Weise und gleichem Maße Einfluss ausüben können auf die Programmatik und Aktionen der Vereinigung,
c) ihre Mitglieder den Grundsatz gleicher politischer Freiheit auch allen anderen zugestehen, sich insbesondere gegenüber ihren Gegnern in konkreten Konflikten keine Vorrechte anmaßen,
d) die Praxis der Assoziationen darauf angelegt ist, kommunikative Macht zu erzeugen, die sich im öffentlichen Raum entfaltet, und
e) die Mitgliedschaft freiwillig ist."(ebd.S.55).

Frankenberg fügt noch hinzu: „Kennzeichnend für zivilgesellschaftliche Assoziationen ist also, dass sie die öffentliche Auseinandersetzung suchen und bei der selbstbewussten und tatkräftigen Inanspruchnahme ihrer politischen Freiheiten zumeist gegen herrschende politische Mehrheiten, auch gegen herrschende Verfassungsinterpretationen mit Nachdruck für ihre Position eintreten, dabei aber nicht den normativen Bezugsrahmen einer demokratischen Republik überschreiten. Sie unterscheiden sich damit wesentlich von Vereinigungen, die hierarchisch gegliedert sind, sich als Geheimbünde organisieren oder sich als Avantgarde verstehen, die kraft ihres vermeintlich überlegenen Wissens zur Stellvertretung aller anderen befugt sei, und insbesondere von Organisationen, die darauf aus sind, Grundrechte, Verfassung und Demokratie in den Dienst eines ´eingebildeten Kollektivs´ zu stellen, wie etwa des Volkes, der Nation oder der Rasse." (ebd.S.55).

In einer „grundlegenden Konvention"(Frankenberg), die nicht mit einem Gesellschaftsvertrag zu verwechseln sei, verpflichten sich die einzelnen autonomen Subjekte wie die assoziativen Einheiten auf Zivilität, die in ihrer artikulativen Praxis zur Geltung kommen muss und stets einen temporären Charakter beibehält.[1] Zu deren Verständnis sind nach Frankenberg drei Aspekte von Bedeutung:

„a) die Konflikthaftigkeit von Gesellschaften,
b) die Zugehörigkeit zu einer politischen Gemeinschaft und
c) sich daraus ergebende mögliche Formen reziproker Anerkennung." (Frankenberg, a.a.O., S.188).

Als grundlegende Streitregel zur Einhaltung eines zivilgesellschaftlichen Kurses

1 „Dazu ist zu sagen, dass dieser Konvention nicht deshalb Verbindlichkeit und verbindende Kraft zugeschrieben wird, weil weise Köpfe sie ersonnen haben oder eine ´herrschende Meinung´ sie für richtig hält. Vielmehr muss sich das in einer solchen Konvention enthaltene wechselseitige Versprechen einer Bürgerschaft, für eine öffentliche und demokratische Streitkultur einzustehen und ihr Konfliktverhalten an deren Regel zu orientieren, in der sozialen Praxis tatsächlich aufweisen lassen... Als ´grundlegend´ lässt sie sich bezeichnen, soweit sie die Regeln enthält, welche die notwendigen Bedingungen für eine (gerade noch) integrative Praxis der Konfliktlösung umschreiben und verhindern, dass eine Gesellschaft in einen heillosen Strudel von politischen Kämpfen treibt." (Frankenberg, a.a.O., S.188).

nennt Frankenberg die „Selbstbegrenzung im Konflikt". Es gehören für ihn dazu die wechselseitige Anerkennung und Toleranz, darüber hinaus den Gegner im Konflikt in seiner Besonderheit wahrzunehmen und zu respektieren. Außerdem müsse allen autonomen Subjekten der politischen Gemeinschaft die Teilhabe an der Streitkultur ermöglicht werden (Logik der Fürsorge); d.h. sie seien zu ermächtigen, ihre Meinungen und Interessen selbsttätig zu artikulieren und für diese tatkräftig in der Öffentlichkeit einzutreten.

8.1 Exkurs zu Helmut Dubiels „Stufenmodell"

Helmut Dubiel erhofft sich Antworten auf uneingelöste Theorieversprechen, indem er den gängigen Diskurs über die Zivilgesellschaft gegen den Strich bürstet (Dubiel, a.a.O.). Als erstes nimmt er sich das im zivilgesellschaftlichen Diskurs transportierte „Menschenbild" vor. Er verortet es jenseits des konservativen Zynismus, der „Gewalt und das Maß ihrer jeweiligen Ausbreitung für eine unabänderliche Tatsache hält", und diesseits der Imagination einer völlig herrschaftsfreien Gesellschaft, die sowohl als Konstrukt wie in ihren diversen Realisierungsformen bereits Teil des im zivilgesellschaftlichen Diskurs aufgeworfenen Problems sein kann.
Als nächstes äußert sich Dubiel über ein angeblich häufig anzutreffendes „Missverständnis", das er sowohl in anspruchsvollen professionellen Definitionsversuchen von Zivilgesellschaft wie im platten Gebrauch diese Begriffes durch Journalisten und Politiker zu finden glaubt. Zivile Gesellschaften würden entweder als *„soziologisch-empirisches Phänomen"* konzipiert, „welches in Vereinen, politischen Assoziationen, Laienorganisationen, sozialen Bewegungen, Netzwerken, Selbsthilfepotentialen, Nachbarschaftskontakten ... greifbar wird", oder als *utopisches Ideal, regulative Idee,* „deren reine Normativität den korrupten Alltag kritisch beleuchtet".[1] Diese „wechselseitige Vereinseitigung als soziale Tatsache einerseits und pure Normativität andererseits", lasse außer acht, dass „zivile Gesellschaftsverhältnisse als Verkörperung der Spannung beider Dimensionen zu begreifen" seien. Schließlich enthalte „jede soziale Handlungssituation" einen „imaginativen Überschuss" bzw. sei sozial, zeitlich und sachlich unabschließbar.
Dieser trivialen Aussage lässt Dubiel noch einige „Kontrastüberlegungen" zur Ver-

1 Das utopische Ideal nimmt auch Franz Walter in den folgenden Sätzen aufs Korn: „So lässt sich das kühne Versprechen der Bürgergesellschaft beschreiben. Es ist eine wunderschöne große Erzählung, von ähnlichem Optimismus durchdrungen wie die großen Ideologien des 19. und 20. Jahrhunderts, dabei aber doch sehr viel humaner, ziviler, republikanischer und dadurch rundum sympathisch." Ihr künftiges Schicksal fasst er folgendermaßen zusammen: „Die Bürgergesellschaft reklamiert Offenheit, Diskurs und Vielfalt; die Politik wird darauf mit Intransparenz, informellen Absprachen in kleinen Runden jenseits von Öffentlichkeit und Parlament antworten, um das schwierige Geschäft des management of complexity überhaupt noch einigermaßen hinzubekommen." (Franz Walter, a.a.O.).

deutlichung folgen. Während sich in archaischen Stammesgesellschaften wie in totalitären Gesellschaften das „Spannungsverhältnis von Norm und Faktizität" auflöse, weil im ersten die evolutionäre Differenz noch nicht stattgefunden habe und im zweiten ein Herrscher oder ein Herrschaftssystem den Anspruch erhebe, das gesamte „normative Kapital" der Gesellschaft in seiner Person zu verkörpern, falle das Spannungsverhältnis auch in solchen Gesellschaften in sich zusammen, in denen alle Mitglieder ausnahmslos nach moralisch neutralen Nutzenkalkülen handeln.
In den gängigen Kritikmustern der zivilen Gesellschaft spiegelt sich laut Dubiel die Auflösung des Spannungsverhältnisses von Norm und Faktizität. Die einen heben die Realität vollständig in der Norm und die anderen die Norm restlos in der Realität auf. Dass in einem Spannungsverhältnis zwar beide Pole unterschiedliche selbständige Qualitäten darstellen, aber beide zugleich die jeweils andere Qualität in mehr oder weniger geringer Quantität enthalten müssen, entgeht den Produzenten solcher - auf Eindeutigkeit fixierter - Maßstäbe. Dementsprechend können sie auch das Spannungsverhältnis zweier Pole nur inadäquat beschreiben und lösen es entweder in die eine oder die andere Richtung vollständig auf. Auch Dubiel beschreibt diesen Zusammenhang auf sehr unzulängliche Weise. Seine Redeweise von der „normativen Überwältigung der Realität" bleibt im Erklärungsansatz stecken.
In der nächsten Passage beschäftigt sich Dubiel mit der Durchsetzung von Universalien und führt als Beispiel die „eigentümlich historische Dynamik der Menschenrechte" an. Im Kampf hegemonialer Formationen um die Anerkennung von Universalien werden jene zwar zunächst nur von Teilen der Gesellschaft vollständig akzeptiert, aber gerade wegen ihrer Universalität enthalten sie das Potential zu ihrer gesamtgesellschaftlichen Durchsetzung und Akzeptanz. Dubiel verweist z.B. auf die Gründungsväter der amerikanischen Verfassung, die, nachdem sie anerkannt hatten, dass jedes menschliche Wesen die gleichen Rechte genießen sollte, diese Rechte Arbeitern, Sklaven und Frauen nicht mehr verwehren konnten, obwohl ihr eigenes zeitgebundenes Bewusstsein noch weit von einer Gewährung entfernt war.
Da der Fortschritt in der Durchsetzung von Universalien eine neue Balance im Verhältnis von Herrschaft und Beherrschung kennzeichnet, lenkt Dubiel als nächstes den Blick auf vier Grundformen der unzivilen Gesellschaft, die der Entfaltung einer zivilen Gesellschaft entgegen stehen: Despotismus/Totalitarismus, Korruption, Ethnozentrismus, Barbarei.
Die Herrschaftstechnik des Despotismus und Totalitarismus besteht laut Dubiel darin, „durch beständiges Schüren von Furcht und sozialem Neid alle jene sozialen Bindungen in der Bevölkerung zu zerstören, aus denen sich Widerspruch gegen den Herrschaftsanspruch des Despoten entwickeln könnte". Dubiel bezieht sich hier auf die zweite Bestimmungsform abhängigen Bewusstseins bei Hegel, das aus Furcht vor dem Herrn entstandene und im Dienst sich erfüllende „Fürsichsein" an ihm, und indirekt auf die dritte Bestimmungsform, das im Verlauf des Formierens an ihm selbst entstehende „Fürsichsein". Die erste Form ist Träger der Furcht, die zweite birgt die Möglichkeit des Widerstands bzw. des Widerspruchs in sich. Beide

Formen bestimmen zusammen mit der ersten und vierten Bestimmung das abhängige Bewusstsein (siehe dazu die Anmerkungen auf den Seiten 32 und 51/52). Abhängiges Bewusstsein, in dem kein Gramm Widerstand enthalten ist, gelangt nicht zu sich selbst und erschöpft sich aus Furcht in Selbstaufopferung. Da gemäß Dubiel despotische Herrschaft sämtliche Voraussetzungen für Widerspruch zu vernichten sucht, wird das Moment der Selbstaufopferung im abhängigen Bewusstsein immer umfangreicher, je erfolgreicher der Despot Widerstandsmöglichkeiten zu beseitigen versteht. Schließlich bleibt der Selbstaufopferung nur noch der Tod als letzte verbliebene Verweigerungsmöglichkeit übrig. Despotischer Herrschaft kommen damit die Beherrschten als notwendiges Widerlager von Herrschaft abhanden, sie kann sich nur noch selbst beherrschen. Die Schlussfolgerung aus dieser Analyse lautet, dass die spezifische Herrschaftstechnik zur Kontinuität despotischer Herrschaft auch die Bereitschaft enthalten muss, Widerstand der Beherrschten zu ermöglichen; woraus folgt, dass nicht alle sozialen Bindungen in der Bevölkerung zerstört werden dürfen, aus denen Widerspruch erwachsen könnte.
Bedauerlicherweise unterlässt es Dubiel, die sozialen Beziehungen zu untersuchen, aus denen kein Widerspruch erwächst. Wenn jene Beziehungen unabhängig von bestehenden Herrschaftsverhältnissen existieren, also neben ihr bestehen, können sie auch nicht für Herrschaftszwecke umgewidmet werden. An ihnen prallt despotische Herrschaft ab. Sie müssen selbst vom despotischten Herrscher anerkannt werden. Herrschaftstechnik des Despotismus/Totalitarismus stellt sich also weitaus komplexer dar als die von Dubiel vorgestellte unzulängliche Kurzanalyse.[1]
Unter dem Begriff Korruption gruppiert Dubiel die zweite Erscheinungsform einer „unzivilen" Gesellschaft, die sich ebenfalls in „Formen einer Zerstörung sozialen Zusammenhalts" zeige, aber die sich nicht mehr „einer zentralen Herrschaftsinstanz intentional zurechnen" ließe. „Die Zerstörung sozialer Solidaritätsbestände ergibt sich hier als Nebenfolge der Durchdringung einer Gesellschaft durch Marktbeziehungen." Kapitalistische Marktwirtschaften seien zwar zu ihrer Stabilität auf „nicht-marktförmige Potentiale gesellschaftlicher Integration" angewiesen (u.a. Gesetzesgehorsam, Vertragstreue, Solidarität gegenüber Schwächeren), aber sie trügen selbst nichts zur Regenerierung dieser Ressourcen bei. Als pathologische Symptome bezeichnet Dubiel Symptome moralischer Indifferenz, sozialer Kälte und politischer Apathie. Diese durch den Markt erzeugte Bedrohung der zivilen Gesellschaft könne unter dem Begriff Korruption zusammen gefasst werden, womit nicht einzelne Akte der Bestechung und Vorteilsannahme gemeint seien, sondern „eine Struktur defekter gesellschaftlicher Kooperation, in der es keine, die gesamte Gesellschaft umgreifende Solidaritätsbeziehungen gibt, sondern nur noch auf Familien, Clans und Lebensstilenklaven beschränkte Solidaritätsbereitschaften".
Wenn Handeln nach Nutzenkalkülen zur Entsolidarisierung auf gesamtgesellschaft-

1 Die Wiederaufnahme der Totalitarismusdebatte nach dem Ende der SED-Herrschaft hat ebenfalls unter einer zu einfachen Vorstellung von Herrschaftstechnik gelitten.

licher Ebene führt und Solidaritätsbereitschaft auf den engeren Umkreis begrenzt bleibt, schließt Dubiel, muss etwas anderes den notwendigen gesellschaftlichen Zusammenhalt bewirken. Als Schmiermittel einer „Struktur defekter gesellschaftlicher Kooperation" bezeichnet er die Korruption. Aber wer lässt sich korrumpieren und mit welchen Mitteln? Da Marktgesellschaften keinesfalls herrschaftsfrei sind, muss Dubiel als Adressat von Korruption auch die Beherrschten ins Blickfeld nehmen.
Die Beherrschten haben sich aus seiner Sicht offenbar zu Konsumenten degradieren lassen und fühlen sich in ihrem Dasein keineswegs unwohl. Ihre Konsumentenmentalität spiegelt ihnen die Gesellschaft als eine Ansammlung mehr oder weniger zahlungsfähiger und zahlungsbereiter Käufer. Gesellschaftliche Hierarchien erscheinen ihnen eingeebnet und die sie einengenden Selektionsleistungen der Herrschenden übernehmen sie als die eigenen. Sie empfinden sich selbst als untergeordneter Teil der Herrschaft. Aus dem Herrschafts-Beherrschungs-Verhältnis ist ein Über- und Unterordnungs-Verhältnis geworden, in dem die Untergeordneten als subjektlos gewordene Subjekte, manipuliert und korrumptiert, bewusstlos die Interessen der Übergeordneten vertreten und nur noch in fremden Völkern ihren Feind erblicken. Ihre Taubheit gegenüber antagonistischen diskursiven Formationen resultiert aus ihrer Zufriedenheit über die Brosamen, die vom Tisch der Reichen fallen bzw. als Sozialleistungen gewährt werden. In ihrer Selbstverwirklichung nimmt die Hierarchie der Statussymbole, die ihnen per Werbung nahe gebracht werden, gegenüber den Werten eines demokratischen Zusammenlebens einen höheren Stellenwert ein. So ähnlich könnte, ja müsste Dubiel argumentieren, um die Erscheinungsform von Gesellschaft, die er unter dem Begriff Korruption zusammenfasst, hinreichend erklären zu können.
Könnte es aber auch andere Gründe geben, warum die gesellschaftliche Resonanz auf Kritik an pathologischen Symptomen, die Dubiel als Symptome moralischer Indifferenz, sozialer Kälte und politischer Apathie gekennzeichnet hat, die Adressaten nicht mehr erreicht? Wenn Herrschafts-Beherrschungs-Verhältnisse in der kritischen Analyse zu Über- und Unterordnungsverhältnissen mutieren, darf man sich nicht darüber wundern, dass die Angesprochenen mit zunehmendem Unwillen auf die Argumentationsweise antagonistischer diskursiver Formationen reagieren. Sie stehen dem Appell an das ihnen unterstellte Unterordnungsbewusstsein abweisend gegenüber, fühlen sich falsch verstanden und reagieren mit Diskursabstinenz bis hin zur Ablehnung.
Die Kritik an den Verhältnissen fällt auf die Kritisierenden zurück. Steht z.B. zu Beginn der Analyse die Dominanz des Weltmarktes, dem die als willfährig bezeichneten Nationalstaaten sowie die als manipuliert betrachtete Bevölkerung der wohlfahrtsorientierten Nationalstaaten untergeordnet werden, entsteht zwischen weltweit agierendem Kapital, Nationalstaaten und der Mehrheit der Bevölkerungen der hochindustrialsierten Länder ein auf Interessenübereinstimmung beruhendes weltumspannendes Über- und Unterordnungsverhältnis. Konstruiert man als nächst höhere Stufe ein auf Übertragung von Selektionsleistungen beruhendes Herr-

schafts-Beherrschungs-Verhältnis und versammelt die obigen drei auf der Seite der Herrschenden, denen gesellschaftliche Randgruppen in den hochindustrialisierten Ländern und die Gesamtheit der als gering entwickelt charakterisierten Länder als Beherrschte gegenüberstehen, bleibt tatsächlich als Appell an die Mehrheit der Bevölkerungen in den Ländern mit Hochwertproduktion nur übrig, sich des Unterordnungsbewusstseins zu entledigen und den Zusammenschluss mit den als beherrscht Eingestuften zu suchen. Läuft der Appell ins Leere, könnte die Minderheit der sich beherrscht Fühlenden zur Ansicht gelangen, dass das sie erdrückende Herrschafts-Beherrschungs-Verhältnis ultrastabil ist und nur noch durch terroristische Mittel aufgebrochen werden könne, um die als verirrt und sich selbst entfremdet betrachtete Bevölkerung für ihren Unverstand zu bestrafen und die Herrschenden mit der Hoffnung auf ausnutzbare Solidaritätseffekte zu Überreaktionen zu verleiten.

Als dritte Erscheinungsform einer „uncivilen" Gesellschaft nennt Dubiel den ethnozentrischen Nationalismus, der sich durch Strategien der Ausgrenzung wie der gewaltförmigen Assimilation der Fremden auszeichne und sich der Anstrengung der Toleranz bzw. des Ertragens von Differenz entziehe. Die Fähigkeit zur angstfreien Anerkennung des Anderen und umgekehrt dem angstfreien Bekenntnis zum Anderssein ist dem ethnozentrischen Nationalismus fremd.

Mit der Barbarei als vierter Erscheinungsform einer „uncivilen" Gesellschaft bezeichnet Dubiel einen weiteren Grenzfall, der sich durch den völligen Zusammenbruch der moralischen und rechtlichen Ordnung bemerkbar macht. An die Stelle des legitimen Gewaltmonopols des Staates trete in der Barbarei der „Naturzustand von Stammes- und Bandenkämpfen" sowie der „Kollaps aller gesellschaftlichen Funktionssysteme".

Von diesem garstigsten Gegenpol der zivilen Gesellschaft richtet Dubiel seinen Blick zu Strategien der „Re-Zivilisierung". Sie sollten nicht mit dem Geist eines Sozialingenieurs durchgesetzt werden, rät er, sondern mit der hegenden Arbeitsauffassung eines Gärtners. Was man zu leisten habe, sei „die Randbedingungen für die (Re-)Zivilisierung" zur Verfügung zu stellen.

Zur schrittweisen Überwindung der Barbarei bedürfe es als erstes der Herbeiführung eines Waffenstillstandes, der entweder aus Einsicht in die Unentscheidbarkeit des Kampfes aller gegen alle als wechselseitige Vereinbarung angestrebt werde oder Folge der Intervention einer „dritten Partei" in seinen drei Varianten (Richter, Schiedsrichter, Mediator) sei; wobei der Figur des Richters das größte Interventions- und Zwangspotential zukommt, vom Schiedsrichter lediglich erwartet werde, dass er bereits von den Konfliktparteien getroffene Vereinbarungn überwacht, und vom Mediator eine beratende Funktion wahrgenommen wird in dem Vertrauen darauf, dass die Konfliktparteien schon selbst zur Regelung ihrer Konflikte in der Lage sind.

Beim Waffenstillstand könne es jedoch nicht bleiben, fährt Dubiel fort. Aus dem „bloßen faktischen Gewaltmonopol einer sozialen Gruppe" müsse auf der Grundlage „einer moralisch verinnerlichten Überzeugung der einzelnen Bürger" ein „legitimes Gewaltmonopol des Staates" erwachsen, eingebettet in eine breite Akzeptanz der Rechtsordnung durch die Bürger. „Die gelungene Unterordnung der ehemaligen Feinde unter eine gemeinsame Rechtsordnung markiert den Übergang von dem Waffenstillstand zu dem Rechtszustand", stellt Dubiel fest. Selbstzwang ersetzt zunehmend Fremdzwang durch Einbezug der Personen in die „materiellen Funktionssysteme der Gesellschaft".

Der als agonal bezeichneten Stufe lässt Dubiel den zivilen Zustand folgen, charakterisiert durch das erreichte Niveau der arbeitsteiligen Differenzierung und das Maß ihrer kulturellen Differenzierung. „Beide Prozesse der Differenzierung wirken in der Form zusammen, dass die Lebensverhältnisse aller einzelner Bürger als sozial kontingent erfahren werden, also als abhängig von politisch gestaltbaren Bedingungen." Dementsprechend werden unter der Voraussetzung hinreichend sozialer Absicherung und gesicherter institutionalisierter Formen der demokratischen Teilhabe normative Ansprüche und demokratische Teilnahme zunehmend selbst zur Ursache und Triebkraft von sozialen Konflikten. Erst durch die lange Erfahrung von Rechtssicherheit, sozialer Sicherheit und Demokratie werde es möglich, „dass soziale Akteure das Vertrauen, die existenzielle Zuversicht und die Solidaritätsbereitschaft entwickeln, ´bürgerschaftlich´ zu handeln", hält Dubiel fest. Aus der alltäglichen Erfahrung einer gemeinsamen Rechtsordnung könne jetzt das Phänomen einer „demokratischen Öffentlichkeit" erwachsen, in der, im Zaume gehalten durch die Imperative einer öffentlichen Moral, die immanente Kritik zur vorherrschenden werde. Die individuellen und kollektiven Akteure seien jetzt nicht mehr ausschließlich sozial formiert und psychologisch bestimmt durch ihre relativ feststehenden Interessen, sondern könnten auf einer höheren Ebene auch interessenunabhängig und sogar gegen die eigenen Interessen handeln. „Der ´Dritte´ oder die ´dritte Partei´ wäre auf dieser Zivilisierungsstufe zwar nicht mehr leibhaft greifbar. Sie ist vielmehr in die Kalküle der sozialen Akteure selbst eingewandert und sorgt schon in deren eigener Handlungsorientierung für die Antizipation der legitimen Motive, Interessen und Meinungen anderer Subjekte. Insofern mag man sagen, dass der zivile Zustand durch die allmähliche Internalisierung der ´dritten Partei´ erreicht wird."

In Dubiels Vortrag an einer New Yorker Universität rangiert die vom Neoliberalismus favorisierte Marktgesellschaft als Vorstufe zur Zivilgesellschaft, womit sich Dubiel klar von der in den USA vorherrschenden Sichtweise absetzt, den Neoliberalismus als letzte Stufe der gesellschaftlichen Entwicklung anzusehen. Die Einordnung als Vorstufe erzwingt eine spezifische Vorgehensweise in der Argumentation:

Gleich nach der Erörterung des in zivilgesellschaftlichen Diskursen transportierten Menschenbildes verurteilt Dubiel die „wechselseitige Vereinseitigung" von sozialer Tatsache und purer Normativität, die ihm sowohl in professionellen Definitionsversuchen von Zivilgesellschaft wie in alltäglichen Politiker- bzw. Journalistengesprächen begegnet. In der Darstellung eines umfassenden, den empirischen Bezug suchenden gesellschaftlichen Modells gehörten beide Seiten unabwendbar zusammen. Werde dieser Zusammenhang fahrlässig oder absichtlich auseinandergerissen, resultiere daraus eine Schwächung der zivilgesellschaftlichen und eine Stärkung der neoliberalen Betrachtungsweise. Auf der Grundlage dieser Feststellung entfaltet Dubiel sein Stufenmodell gesellschaftlicher Entwicklung, in dem die „unzivilen" Vorstufen durch Herrschaft und Abhängigkeit bestimmt werden, während in der letzten „zivile" Stufe Machtausübung bewusst zurückgenommen wird.

Für die Theorie der Zivilgesellschaft selbst hat Dubiel nichts Neues zu bieten. Einzelne Passagen rufen sogar aufgrund ihrer Kürze und Verkürzung in der Argumentation erhebliche Kritik hervor. Die politische Zielrichtung Dubiels jedoch ist klar: die Ablösung des neoliberalen Diskurses durch den zivilgesellschaftlichen als letztem Stand der Entwicklung.

9. Die Forderung nach Zivilgesellschaft als Gegenstrategie zur Marktgesellschaft der neoliberalen Konzeption

Als zu Ende der achtziger Jahre Jean L. Cohen und Andrew Arato ihre Studie über Civil Society and Political Theory" (a.a.O.) publizierten, glaubten sie mit der Entfaltung der zivilen Gesellschaft einen Weg gefunden zu haben, „to guarantee the autonomy of the modern state and economy while simultaneously protecting civil society from destructive penetration and functionalization by the imperatives of the two spheres"(ebd.S.25). Offensichtlich garantierte für sie ein ausbalanciertes Verhältnis der Dreieinigkeit von *civil society*, *state* und *economy* allen drei Komponenten Autonomie und der ersteren ausreichend Schutz vor einer sie schwächenden Durchdringung und Funktionalisierung durch einen herrschsüchtigen Staat und eine selbstherrliche Ökonomie. In einem solchen ausgewogenen Verhältnis könne die *civil society* außerdem vermeiden, den Einflüsterungen von Staat und Wirtschaft nachzugeben und sich einer vermeintlich effektivitätssteigernden, aber letztlich spontaneitätsfeindlichen hierarchischen Struktur zu unterwerfen (ebd. S.24).
Cohen und Arato hatten aus dem erfolgreichen Kampf osteuropäischer Bürgerrechtsbewegungen gegen staatlichen Allmachtsanspruch den Schluss gezogen, dass eine dezentral strukturierte, in losen Netzwerken verbundene zivilgesellschaftliche Gegenmacht der straff organisierten Zentralgewalt überlegen sei. Kein Staat, folgerten sie, dürfe um des eigenen Überlebens willen die Autonomie der assoziierten Bürger abschaffen. Sollten hingegen starke ökonomische Kräfte die Autonomie des Staates untergraben wollen, um ihn zu ihrem verlängerten Arm zu degradieren, würden sie nicht nur die um den Erhalt ihrer Autonomie besorgten staatlichen Institutionen herausfordern, sondern auch eine zivilgesellschaftlich organisierte Gegenmacht gegen sich aufbringen. Gegen die getrennt marschierenden, aber vereint schlagenden Kräfte beider könnten sie nicht gewinnen. Solange also die Zivilgesellschaft der Tendenz zur Hierarchisierung ihrer Organisationsstrukturen nicht nachgäbe, behaupteten sie, wäre die Dreieinigkeit von autonomer Zivilgesellschaft, autonomen Staat und autonomer Ökonomie gesichert. Ihr vehementer Appell galt daher vorrangig der Erhaltung von Flexibilität und Dynamik zivilgesellschaftlicher Kräfte. Cohen und Arato sprachen sich aus diesem Grunde z.B. auch für eine Abschaffung demütigender wohlfahrtsstaatlicher Maßnahmen und für ihren Ersatz durch geeignete Richtlinien aus, mittels derer die Eigeninitiative der zu unterstützenden Personen angeregt werden könne.
Hatten sich Cohen und Arato in ihren Vorschlägen noch weitgehend auf intakte Gesellschaften mit erkennbaren Außengrenzen bezogen, setzte sich in den neunziger Jahren zunehmend die Erkenntnis durch, dass die zu lösenden Probleme einer weltweiten Antwort bedurften. Im Zeichen der zunehmenden Globalisierung geriet der national gebundene Staat immer mehr unter Druck der weltweit agierenden Finanzmärkte und transnationalen Unternehmen. Nationalstaatsübergreifende Maßnahmen in Kooperation mit Aktionen einer global vernetzten Zivilgesellschaft

schienen die Ultima Ratio zu sein, um gegen die übermächtigen ökonomischen Mächte die eigene Autonomie bewahren zu können. Wie aber sollte eine Zivilgesellschaft, die bisher als Gegenmacht zum Staat definiert worden war, zu ihm ein Kooperationsverhältnis entwickeln, ohne selbst Schaden zu nehmen?

Julian Nida-Rümelin hat die auf der Grundlage von Cohen und Arato formulierte Definition von Zivilgesellschaft einer grundlegenden Kritik unterzogen. Er ist zu dem Schluss gekommen, dass die Übertragung der antistaatlichen Konzeption von Zivilgesellschaft, hervorgegangen aus dem Kampf der osteuropäischen Bürgerrechtsbewegungen gegen den Allmachtsanspruch des Staates, auf demokratisch verfasste Gesellschaften unzulässig ist. Sie blockiert ein „angemessenes Verständnis der wechselseitigen Abhängigkeit demokratischer Institutionen auf der einen und bürgerschaftlichen Engagements auf der anderen Seite" (Julian Nida-Rümelin, a.a. O., S.186). Wie bereits weiter oben erwähnt, steht den bürgerschaftlichen Netzwerken in demokratisch verfassten Gesellschaften eine zivilgesellschaftlich orientierte Öffentlichkeit gegenüber, die sich als neuer Öffentlichkeitsbereich neben den traditionellen konstituiert und zu einer Neustrukturierung der Pluralität der voneinander getrennten wie verzahnten Öffentlichkeiten geführt hat. Mit zunehmendem Organisationsgrad sind diese Netzwerke durchaus in der Lage, im Falle gemeinsamer Interessen mit dem Staat zu kooperieren, ohne sich dabei selbst aufzugeben.

Nida-Rümelins Konzeption einer Zivilgesellschaft ist aber nicht nur so zu verstehen, dass sie „den Hobbesschen Naturzustand als Zustand potentieller Gewalt durch ein stabiles und von einem normativen Konsensus getragenes Kooperationsgefüge überwindet" (ebd.S.187). Er ist hingegen sogar der Auffassung, dass zur Stabilisierung eines solchen Kooperationsgefüges staatliche Institutionen unverzichtbar sind. „Friedenssicherung ...", stellt er fest, „erfolgt jedoch nicht durch die Etablierung einer zentralen Herrschaftsgewalt, sondern durch gemeinsam akzeptierte Regeln des Konfliktaustrages, der Anerkennung staatlicher und juristischer Kompetenzen, des wechselseitigen Respektes und der Rücksichtnahme auf kulturelle Differenzen" (ebd.S.187). „In einer zivilen Gesellschaft", führt Nida-Rümelin weiter aus, „treten sich die Personen weder als - ihre jeweiligen individuellen Interessen optimierende - Wirtschaftssubjekte, noch als Befehlsgeber und -empfänger gegenüber, sondern als Bürgerinnen und Bürger, die kooperieren, um Güter, die der Markt nicht bereitstellen kann (kollektive Güter), zu produzieren, um Entscheidungen zu treffen, die die Gesamtheit der Bürgerschaft betreffen, um sich auf Regeln der Interaktion zu verständigen und gemeinsame Ziele zu verfolgen. Die Bürgerschaft bildet aber nicht notwendigerweise eine Gemeinschaft gleicher Werte, sondern ist durch einen normativen Minimalkonsens konstituiert, der sich insbesondere auch auf solche Regeln bezieht, die einen zivilen Austrag von Interessenkonflikten und Kooperation über divergierende Kulturen hinweg ermöglicht."(ebd. S.189). Kooperation setze voraus, daß die Akteure auf je individuelle Optimierung verzichten und sich auf eine gemeinsame Strategie festlegen, die keinen Gleichgewichtspunkt darstellt (ebd.S.193).

Damit weitet Nida-Rümelin unspektakulär, aber dennoch mit weitreichenden Konsequenzen, das Verhältnis zwischen Staat und bürgerschaftlichen Netzwerken, einschließlich der auf beide Bereiche bezogenen spezifischen Öffentlichkeiten, zu einem normativen Konzept der Zivilgesellschaft aus, das wie das Stufenmodell von Helmut Dubiel strategisch auf nationaler wie globaler Ebene gegen die bisher vorherrschende Konzeption des Neoliberalismus eingesetzt werden kann. Nida-Rümelin entwirft in Ansätzen eine Theorie der globalen Zivilgesellschaft (ebd.S.191). Er bezeichnet die normativen Fundamente einer globalen Zivilgesellschaft als hinreichend neutral, um mit einer Vielfalt unterschiedlicher Lebensformen und kultureller Prägungen vereinbar zu sein (ebd.S.206). Gegenwärtig breiteten sich weltweit gerade diejenigen normativen Orientierungen aus, die für eine Zivilgesellschaft konstitutiv seien. Für Nida-Rümelin ergibt sich daraus die Chance, im Namen des „Ethos der Toleranz" zum Kampf gegen das bisher vorherrschende Konzept des Neoliberalismus anzutreten.[1]

9.1 Zu den Erfolgsaussichten der zivilgesellschaftlichen Gegenstrategie zum Neoliberalismus

9.1.1 Globale Durchsetzungschancen des zivilgesellschaftlichen Konzepts in der Industrie - Daimler-Chrysler versus VW?

Das neoliberale Konzept hat fast vierzig Jahre gebraucht, um die Hegemonie im Felde der Diskursivität zu erobern. Welche Zeit die zivilgesellschaftliche Gegenstrategie vom Startblock bis zum Ziel benötigen wird, um die Hegemonie zu erringen, ist nicht prognostizierbar. Veränderungen auf dem inner- und intergesellschaftlichen Terrain geben eventuell einige Hinweise auf Erfolgsaussichten. Zwei gegensätzliche Beispiele aus der industriellen Produktion zeigen an, ob das zivilgesellschaftliche Konzept in seiner Entwicklung behindert oder gefördert wird. Die beiden Beispiele stammen aus dem Automobilbau und wurden von Martin Kempe dokumentiert (Martin Kempe, a.a.O.).

Kempe weist als erstes auf ein vom DaimlerChrysler Manager Roland Springer im campus Verlag vorgelegtes Buch mit dem Titel „Rückkehr zum Taylorismus" hin. Darin bezeichnet Springer sowohl die häufigeren Anlernprozesse als auch die der Gruppenarbeit innewohnende größere Autonomie als Schwachstellen post-tayloristischer Produktionskonzepte. Autonomes Handeln der Beschäftigten steigere nicht nur die Produktivität. Die größere Autonomie könne von der Gruppe auch gegen

---

1 „Das in demokratischen Rechtsstaaten juridisch sanktionierte *demokratische Ethos* stützt sich auf Regeln der Interaktion, die individuelle Freiheitsspielräume sichern, eine autonome Lebensgestaltung ermöglichen und einer Vielfalt von Lebensformen Raum geben - es ist ein *Ethos der Toleranz und der Autonomie,* aber keines der Indifferenz."(ebd.S.215). Diese Regeln umfassen für Nida-Rümelin „individuelle Sozialrechte und Sozialpflichten sowie demokratische Partizipationsrechte und Partizipationspflichten" (ebd.S.214).

das Management zur Durchsetzung eigener Interessen genutzt werden. Damit werde das weitere mit der Einführung der Gruppenarbeit beabsichtigte Ziel, dass sich die Arbeiter mit „ihrem“ Unternehmen vollständig verbunden fühlen, den markterzwungenen Konkurrenzkampf des Unternehmens zu ihrer eigenen Sache machen und sich künftig in einem reinen Über- und Unterordnungs-Verhältnis mit der Unternehmensspitze als Einheit handelnd begreifen, unterminiert. - In einem Über- und Unterordnungs-Verhältnis tritt die Übertragung von Selektionsleistungen des Managements auf die Belegschaft gegenüber dem Handeln als Einheit völlig in den Hintergrund. Die Selektionsleistungen des Managements werden sogar von der Belegschaft als eigene empfunden und in der Verfolgung gleicher Interessen dominiert das Bewusstsein, „wir sitzen in einem Boot“ und kämpfen für die gleichen Ziele.
Selbstverantwortliche Gruppenarbeit beseitigt aber nicht das Misstrauen gegenüber betrieblicher Rationalisierung, als Arbeiter benachteiligt zu sein. Laut Martin Kuhlmann und Michael Schumann, Mitarbeiter des Göttinger „Sozialwissenschaftlichen Forschungsinstituts“, werden von den Belegschaften „mit der Bereitschaft zum Mitspiel (...) nicht die Gefahren übersehen, im Rationalisierungsprozess insbesondere in der Dimension der Leistungsanforderungen und der Beschäftigungssicherheit negativ betroffen zu werden“ (Martin Kuhlmann/Michael Schumann, a.a.O.). Belegschaften sind trotz Gruppenarbeitspraktiken nicht geneigt, das bestehende Herrschafts-Beherrschungs-Verhältnis, das durch die Übertragung von Selektionsleistungen der Kapitalseite gekennzeichnet ist, in ihrem Bewusstsein durch ein Über- und Unterordnungs-Verhältnis auszutauschen. „Der Status der Arbeiter“ hat sich gemäß der Analyse Kuhlmann/Schumanns „im Urteil der meisten Arbeiter zumindest nicht grundsätzlich verbessert. Mehrheitlich wird nach wie vor die Einflusslosigkeit auf betriebliche Entscheidungen und die Unterschiede zwischen den Arbeitern und den anderen betrieblichen Gruppen hervorgehoben. Auch heute noch sieht man sich als Arbeiter unterbewertet, nicht als gleichberechtigtes Mitglied einer egalitären Betriebsgemeinschaft“. Allerdings werde die einseitige konfrontative Wahrnehmung abgebaut. Wettbewerbssicherung werde als gemeinsame Aufgabe angesehen, bei der man seinen eignen Part zu spielen bereit sei.[1]
Wenn man von Seiten des Management nicht bereit ist, auf den Tausch von hohem Eigeninteresse der Arbeitsgruppe an optimaler Produktivität gegen die von ihr ge-

1 „Den Arbeitnehmerinnen und Arbeitnehmern ist nicht mehr einsichtig, warum ausgerechnet am Arbeitsplatz, der existenziell mit Einkommen verbunden ist und an dem sie zwei Drittel ihrer wachen, bewussten Zeit verbringen, ausschließlich die Eigentümerseite bestimmen soll. ... Wird den Menschen die Mitbestimmung am Arbeitsplatz - und damit die Humanisierung ihrer Arbeitsplatzsituation - vorenthalten, fühlen sie sich als mündige Bürgerinnen und Bürger eingeschränkt und nicht ernst genommen. Das weckt Misstrauen und Angst und das Gefühl, nur als Arbeitskraft instrumentalisiert zu werden. Eine demotivierte und verängstigte Arbeitnehmerschaft ist nicht sehr standortförderlich. Mangelnde Teilhabe an den betrieblichen Entscheidungsprozessen bildet auch Nährboden für ´innere Emigration´, Entsolidarisierung, gestörte Kommunikation und Mobbing auf allen Ebenen.“ (Hiltrud Broockmann, a.a.O.)

forderte Mitbeteiligung am gesamten Betriebsgeschehen einzugehen und die eingeklagten Mitentscheidungsforderungen der Belegschaft als Einengung der eigenen - auf den Markt sowie auf die Aktionäre bezogenen - Entscheidungsfreiheit betrachtet (sogar als gewinnschmälernden Ballast wahrnimmt), gelangt man in der Bewertung der neuen Produktionskonzepte zu einem negativen Resultat.[1]

Als Folge der negativen Beurteilung wurde bei Daimler beim Übergang von der Produktion der E-Klasse zur A-Klasse im Werk Rastatt im Jahre 1996 die Gruppenarbeit auf einen Restbestand abgebaut. Selbstorganisation, Abstimmung der Arbeitszeit untereinander und bis zu einer halben Stunde Arbeit an einem Stück wurden abgeschafft und durch einen durchgängigen 1,3-Minuten-Takt der Arbeit am Bande ersetzt. Mit der Rückkehr der alten Hierarchien war die „Trennung zwischen Planungsexperten und Nur-Ausführenden" (Michael Schumann), die alleinige Hoheit des Managements über Produktionsablauf und Produktivitätsverbesserungen wieder hergestellt. Verzichtet wurde aus Machterhaltungsgründen auf mögliche gruppenarbeitsinduzierte Produktivitätsverbesserungen[2] zu Gunsten technisch vorgegebener, scheinbar nebeneffektfreier und völlig zu beherrschender Arbeitsabläufe. Das beschriebene „Toyota-System" kann sich jedoch nur dann längerfristig durchsetzen, wenn realisierbare Alternativen weniger Profit abwerfen. Dies scheint aber nicht der Fall zu sein.

Das Management von VW hat frühzeitig die geringere Flexibilität des „Toyota-Systems" erkannt. Zwar sei sein Produktionsausstoß pro Zeiteinheit unübertroffen hoch, aber der erforderliche schnelle Wechsel in der Produktionsorganisation aufgrund geänderter Kundenwünsche werden behindert. Kundenwünsche können nicht prompt erfüllt werden und in der Zwischenzeit produzierte Autotypen landen auf der Halde bzw. müssen mit Abschlag verkauft werden. VW-Manager verfolgen deshalb das Konzept der „atmenden Fabrik", wodurch eine gewinnreduzierende Produktion auf Halde oder/und hohe Verkaufsabschläge vermieden werden. Dennoch gilt auch für VW, dass ein in Bratislava produzierter Golf billiger ist als einer in der hoch automatisierten Fabrik Wolfsburgs hergestellter.

---

1 „... das deutsche Modell ist im Vergleich ein relativ kostengünstiges System der Konfliktlösung. Hätten wir den Betriebsrat nicht, hätten wir - wie in Amerika - viel größere Personalabteilungen und viel höhere Verwaltungskosten, von den Anwalts- und Gerichtskosten ganz zu schweigen." (Wolfgang Streeck, a.a.O.).

2 Die Beibehaltung der Gruppenarbeit schließt übrigens Standardisierungen nicht aus. Die Routinisierung von Tätigkeiten entlastet und schafft Freiräume für Kreativität.

Der bereits zitierte DaimlerChrysler Manager Roland Springer schreibt zwar: Selbststrukturierung der Arbeit „zielt (...) auf die von der teilautonomen Gruppenarbeit nicht erschlossenen, ja gar nicht erschließbaren Produktivitätsreserven der Standardisierung und Routinisierung, ohne dabei auf das Prinzip der Partizipation zu verzichten", aber er spielt hierbei Produktivitätssteigerungen durch Standardisierung und Routinisierung der Arbeitsabläufe gegen gruppenarbeitsinduzierte Produktivitätsverbesserungen aus. Das eine wird vom Management vollständig kontrolliert, das andere anerkennt die Autonomie der Arbeiter in der Produktivitätssteigerung (Roland Springer, a.a.O.).

War es der Druck von Fondsmanagern, die Kapitalrendite hochzuschrauben, oder der Druck des Marktes, den Markt für Minivans nicht mehr allein den Wettbewerbern zu überlassen und selbst eine kostengünstige Produktion von Minivans aufzunehmen? Welche Gründe auch immer für den VW-Vorstand den Ausschlag gaben, offenbar waren sie schwerwiegend genug, um den Betriebsrat von VW und die Gewerkschaft IG Metall mit einem neuen Tarifkonzept, dem Modell „5000 mal 5000", zu konfrontieren. Nach den Worten des VW-Personalvorstandes Peter Hartz erfreute das neue Tarifkonzept die Aktionäre von Volkswagen und die Arbeitslosen, verlangte jedoch von den gewerkschaftlichen Verhandlungspartnern eine völlige Abkehr von bisherigen Tarifstrategien. Mit der Verwirklichung des neuen Konzepts, behauptete Hartz könne man die Wettbewerbsfähigkeit sichern und die Abwanderung von industriellen Arbeitsplätzen aus dem „Hochkosten-Standort Deutschland" nach Portugal, das nur ein Viertel der Lohnkosten hat, oder in osteuropäische Niedriglohnländer, stoppen.

Das „Wichtigste" für VW seien nun einmal „die Kunden und die Qualität unserer Autos". Das Unternehmen werde also „vom Markt her" geführt. Deshalb habe man auch „den Begriff sozial bei VW neu definiert: als das Erhalten und Schaffen von Arbeitsplätzen und das Erhalten der wettbewerbsorientierten Beschäftigungsfähigkeit der Belegschaft". Von den Betriebsräten kämen enorme Impulse; „etwa durch die Beteiligung aller Mitarbeiterinnen und Mitarbeiter am Ideenmanagement. Sie kennen den Betrieb und die Gesetze der Wettbewerbsfähigkeit."[1] Was heutzutage unter Wettbewerbsfähigkeit zu verstehen ist, erklärte Hartz mit dem folgenden Hinweis: „Wenn Sie etwa ein europaweit zugelassenes Auto bauen und es keine große Anzahl von Zwischenlagern gibt, die Zeit und Geld kosten, sondern ein Eurolagersystem, dann steigt der Anspruch an die Flexibilität erheblich und das schlägt natürlich auf die Anwesenheit der Mitarbeiter im herstellenden Betrieb durch."

Das neue Tarifkonzept unterteilt die länger als bisher erforderliche Anwesenheit in die drei Kategorien „wertschöpfende Arbeit, Zeit für Qualifikation und Zeit für Kommunikation", d.h. neben der Arbeitszeit von durchschnittlich 35 Stunden pro Woche für 4500 DM monatlich ist eine permanente Weiterbildung direkt am Band von 2,5 Stunden pro Woche eingeplant; darüber hinaus sind „weitere fünf Stunden

1 „Spitze sei das Modell (der Mitbestimmung: d.V.) vor allem in Krisenzeiten. Schwierige Entscheidungen würden von Arbeitnehmern und Arbeitgebern gemeinsam getroffen und deshalb beibehalten: eine Win-Win-Lösung für beide. Allerdings komme es auf die Akteure an. Weil sich das inzwischen herumgesprochen hat, trete die sonderliche deutsche Erfindung demnächst ihren Siegeszug um die Welt an. Selbst der einst als 'Rambo' verschriene Jürgen Schrempp, als Daimler-Chrysler-Chef einer der großen EADS-Shareholder, ist voll des Lobes. 'Wir haben sehr viele gute Erfahrungen mit der Mitbestimmung gemacht', wiederholte er im Zuge der Zusammenlegung der französischen und deutschen Luft- und Raumfahrtkonzerne gebetsmühlenartig. Und sorgte so dafür, dass der vermeintliche Investitionsschreck in die transnationale EADS einzog." (Michael Kläsgen, a.a.O.)

für Programmerfüllung, Qualifikation und Kommunikation vorgesehen". Für die zusätzlichen 7,5 Arbeitsstunden pro Woche gibt es 500 DM zusätzlich. Künftig können bestimmte private Tätigkeiten vom Arbeitsplatz aus organisiert werden. Eine in den Arbeitsablauf integrierte Gesundheitsvorsorge ist ebenfalls vorgesehen. Die Verantwortung für Stückzahl und Qualität der Fahrzeuge wird an Mitarbeiter-Gruppen übertragen. Für das „Programmentgelt" haben sie ein vorab definiertes Volumen an Autos in der geforderten Qualität zu gewährleisten. Vorgesehen ist außerdem eine zweistufige Ergebnisbeteiligung am Unternehmenserfolg: ein „persönlicher Leistungsbonus" bei Erreichen der Gewinnschwelle, ein „Unternehmensbonus" bei Erreichen der Renditeziele des Unternehmens (8 Prozent Umsatzrendite).

Durch die grundlegend neue Organisation des Arbeitsablaufs soll die Produktivität derart steigen, dass die höheren Lohnkosten kein Standortnachteil mehr sind. Im Interesse der schnellen Bedienung von Kundenwünschen ist - wenn erforderlich - eine Höchst-Anwesenheitszeit von 60 Stunden pro Woche bzw. im Halbjahresschnitt von 48 Stunden pro Woche vorgesehen, um die vorgesehene Durchlaufzeit der Kundenaufträge auf 15 Tage von der Bestellung bis zur Auslieferung einhalten zu können. Nacht- oder Überstundenzuschläge entfallen künftig.

Mit der angestrebten Integration der Betriebsratsarbeit in das Management trage man lediglich der bereits existierenden Realität Rechnung, betonte Hartz: „Unser Betriebsrat regelt ohnehin schon viel in der Personalverwaltung, der Arbeitssicherheit oder im Gesundheitsschutz. Da kann man doch gleich in der Arbeitsorganisation ordentlich einteilen. ... Da müssen doch nicht zwei Apparate parallel laufen. Es ist auch ein Ansatz, in der europäischen Mitbestimmung weiterzukommen. Eine Antwort gegenüber amerikanischen und asiatischen Systemen. Das Spannenste dabei: Dieses Konzept schafft mehr Wettbewerbsfähigkeit und das, obwohl die darin berechnete Lebensarbeitszeit weniger als ein Zehntel der gesamten Lebenszeit der Deutschen ausmacht." (Frankfurter Rundschau, 15.,21.5.01/Tagesspiegel, 20.,27.6. 01).

Die Vorstellung des neuen Tarifkonzepts verband der VW-Vorstand mit der Warnung an die IG Metall, dass die Gewerkschaft dem Konzern entgegenkomme müsse, wenn sie verhindern wolle, dass die Autos in Tschechien oder in Portugal gebaut werden. Der neue Minivan werde auf der so genannten A-Plattform montiert, auf der auch Modelle der Konzerntöchter Skoda (Tschechien) und Seat (Spanien) gefertigt würden. Diese Standorte zeichneten sich durch Personalkosten von acht bis neun DM die Stunde aus, während in Deutschland die Personalkosten bei 90 DM lägen. Mit dem Projekt sollten Bedingungen geschaffen werden, „um in Wolfsburg einen Minivan vom Schlage eines Opel Zafira unter den Herstellungskosten Spaniens bauen zu können". Der Vorstandsvorsitzende Ferdinand Piëch erwähnte außerdem, dass man bei der Stammbelegschaft auf wenig Begeisterung für das neue Tarifkonzept gestoßen sei. Man sehe sich deshalb gezwungen, mit jungen, neu einzustellenden Leuten (so genannte „arbeitslose Talente"[Hartz]) zu beginnen. Es lägen bereits etwa 10000 Bewerbungen vor. Die Bewerber seien sicherlich enttäuscht, wenn das Tarifkonzept von der Gewerkschaft abgelehnt würde (Tagesspiegel,18. 6.01).

Die ablehnende Reaktion der IG Metall-Zentrale in Frankfurt am Main ließ angesichts der ausgesprochenen Drohungen nicht auf sich warten. Klaus Zwickel, Vorsitzender der IG Metall, begründete nach dem vorläufigen Scheitern der Verhandlungen den Standpunkt der Gewerkschaft. Zwar enthalte der Vorschlag von VW viele interessante Ansätze, aber auch unerfüllbare Forderungen. VW wolle den Arbeitsvertrag neu definieren, zu den Arbeitszeiten der 50er und 60er Jahre zurückkehren und die Stundenlöhne kräftig absenken. Zwickel befürchtete einen Wettlauf um Lohnsenkung und Arbeitszeitverlängerungen in der gesamten Metall- und Elektroindustrie. Nicht hinnehmbar seien die Befristung der Arbeitsverhältnisse auf drei Jahre, die Einführung eines Einheitslohns, unentgeltliche Nacharbeit für den Fall von Zulieferungen mit schlechter Qualität, sonstige unvorhergesehene Stillstandszeiten am Band, die Verpflichtung zu achtundvierzigstündiger Arbeitszeit pro Woche und an sechs Tagen in der Woche. Überhaupt nicht hinnehmbar sei die Rückkehr vom Arbeitsvertrag zum Werkvertrag. „Kennzeichen des Arbeitsvertrags ist, dass der Arbeitnehmer seine Arbeitskraft für eine bestimmte Zeit unter definierten Bedingungen gegen ein bestimmtes Entgelt zur Verfügung stellt. ... Beim Werk-Vertrag wird ein Werk, ein Arbeitsergebnis, gegen ein bestimmtes Honorar geliefert. Alles andere ist Risiko des Werk-Vertragsnehmers."(Klaus Zwickel, a.a.O.).

Zwickel beanstandete am neuen Tarifkonzept auch das Verwischen von Arbeits-, Kommunkations- und Qualifizierungszeit und dem dadurch möglichen „freien Zugriff des Unternehmens auf die volle Anwesenheitszeit". Er witterte darin die „Aufgabe von gewerkschaftlicher Gestaltungs- und Schutzpolitik". Wenn unter Qualifizierung nur noch Weiterbildung am Band verstanden wird, entfällt für Weiterbildung nicht nur der gesamte Zwischenbereich zwischen reiner arbeitsplatz- und ausschließlich gesellschaftsbezogener Qualifizierung, der für die mentale Weiterbildung der Arbeitskräfte keinesfalls bedeutungslos ist, sondern angelernte Erwachsene werden außerhalb des Manteltarifvertrages entlohnt und haben insbesondere in Krisenzeiten Schwierigkeiten, eine ihrer Weiterbildung adäquate Beschäftigung zu finden.

Zwickel nahm auch die Charakterisierung des Tarifkonzepts als Pilotprojekt in seiner Auswirkung auf alle übrigen Produktionsbereiche sehr ernst und befürchtete einen breit angelegten Angriff gegen die gesamte bisherige Tarifpolitik der Gewerkschaften. Es sei falscher Ergeiz, beweisen zu wollen, dass in Wolfsburg billiger gebaut werden könne als in allen übrigen Standorten. Vergessen werde hierbei die Erhaltung eines spezifischen gesellschaftliche Umfeldes, dass beispielsweise erst den hohen Ausbildungsgrad der Arbeitnehmer und die Bereitschaft zur Leistung ermögliche. Wenn der gesamtgesellschaftliche Bezug von Produktion ausgeblendet wird, feiere Benchmarking als isolierte Übertragung von besten Praktiken von einer Gesellschaft auf die andere Triumphe. Diese Vorgehensweise hat sich laut Zwickel schon in der zweiten Hälfte der neunziger Jahre als Irrweg herausgestellt. Außerdem werde das gewerkschaftliche Grundprinzip - gleicher Lohn für gleiche Arbeit - ohne Not aufgegeben. IG-Metall-Bezirksleiter in Hannover, Hartmut Meine, merkte an: „Wir machen die Neugründung auf dem Werksgelände nur mit, „wenn uns eine tarifrechtliche Mitbestimmung garantiert wird, die über das Gesetz hinausgeht." Vor allem im neu zu gründenden Aufsichtsrat müsse der Einfluss der Arbeitnehmer gestärkt werden (Thomas Maron, a.a.O.). Positiv wurde am Tarifkonzept von gewerkschaftlicher Seite lediglich das neue Produktionskonzept hervorgehoben, bei dem ein Arbeiter länger als nur für ein paar monotone Handgiffe bei einer Karosserie verbleibt (Peter Müller, a.a.O.).

Die in der Auseinandersetzung um das neue Tarifkonzept diskutierten Probleme fasste Wolfgang Schröder, Referent bei der IG Metall, in der für die heutige Gewerkschaftsbewegung zentralen Frage zusammen: „Wie kann eine Organisation, die den kollektiven Normen und Erwartungen des so genannten fordistischen Kapitalismus verpflichtet ist, sich so verändern, dass sie ihre Stärken mit neuen Formen differenzierter Handlungs- und Zielgenauigkeit, in einer stärker individualisierten Gesellschaft, in Einklang bringen kann?" (Wolfgang Schröder, a.a.O.). Zwar sei das Signum deutscher Tarifpolitik bisher der universelle Gültigkeit beanspruchende Flächentarifvertrag, aber derzeit weise alles in Richtung eines neuen Mixes zwischen universellen und partikularen Ansprüchen.

Schröder betonte, die neue Zukunftsdebatte müsse stärker als zuvor als „kommunikativer Prozess mit der Mitgliedschaft angelegt werden. „Sie ist in einem bestimmten Sinne radikal, weil alle Selbstgewissheiten, Präferenzen und Politikfelder zur Debatte gestellt werden. Mitglieder sollten nicht mit einem abgeleiteten und festgelegten Zielkatalog konfrontiert werden, sie sollen selbst direkt mitbestimmen können, wie die zukünftige Agenda aussieht."(ebd.,a.a.O.).

Am Beitrag Schröders war zu erkennen, welche Problematik die Gewerkschaft auf sich zukommen sah. Schon angesichts der Diskussion über den Flächentarifvertrag hatte der scheidende BDI-Chef Hans-Olaf Henkel der IG Metall süffisant vorgeworfen, sie pflege ein erschreckendes Menschenbild: „Der unmündige Arbeitnehmer, der an die Hand genommen und vor dem ´bösen Kapitalisten´ geschützt werden müsse, der die Hilfe der Gewerkschaft braucht, um seine Interessen durchzusetzen", gehöre inzwischen der Vergangenheit an" (Frankfurter Rundschau, 29.11.00). Entstand in der veröffentlichten und öffentlichen Meinung der Eindruck, die Ablehnung des neuen Tarifkonzepts von VW sei ein selbstherrlicher Akt der Gewerkschaftsspitze, vorgenommen ohne Rücksicht auf die Arbeitslosen und die Wünsche der Mehrheit der Gewerkschaftsmitglieder, verschlechterten sich die Ausgangsbedingungen für kommende Tarifverhandlungen. Offensichtlich benötigte die IG Metall Zeit, um in die bisherige Ausrichtung der Tarifpolitik auf Arbeitszeit den Werkvertrag einzubinden.

Der Werk-Vertragsnehmer in Gestalt der Arbeitsgruppe wird, sofern spezielle Vertragsbestimmungen nichts anderes festlegen, selbst zum „Kleinunternehmer", verbleibt aber in einem engen Abhängigkeitsverhältnis zur Unternehmensleitung

von VW, die ihm mit Kennziffern, die den Arbeitsumfang, die Stückzahl und das Bruttopersonal betreffen, unter Druck setzen bzw. den Druck des Marktes in Form verschlechterter Bedingungen an ihn weiterleiten kann. Als Gegenleistung muss sie keinerlei besondere Mitbestimmung einräumen, da jene bereits in Gestalt des Betriebsrats in die Arbeitsorganisation eingebettet ist. Kommt es innerhalb der Arbeitsgruppe zum Konflikt und beschweren sich einzelne Mitglieder wegen verschlechterter Arbeitbedingungen bei der Gewerkschaft, muss sich jene direkt mit dem Repräsentanten der Arbeitsgruppe oder dem Betriebsrat auseinandersetzen, wobei weder Arbeitsgruppenrepräsentant noch Betriebsrat Gewerkschaftsmitglieder sein müssen. Der direkte künftige Ansprechpartner der Gewerkschaft ist nicht mehr die VW-Firmenleitung. Jene kann sich zurückziehen und auf die Selbständigkeit der Arbeitsgruppe verweisen.
Ließe sich die IG Metall auf diese Auswirkungen des neuen Tarifkonzepts von VW ein, stünde sie vor der gesellschaftlichen Situation, dass in einem Über- und Unterordnungs-Verhältnis auf der Seite der Übergeordneten VW-Betriebsleitung, Betriebsrat und Arbeitsgruppenleitung versammelt sind, während die einfachen Arbeitsgruppenmitglieder als Kleinunternehmer die Seite der Untergeordneten ausfüllen und die Selektionsleistungen der Übergeordneten als ihre eigenen übernehmen. Von einem Herrschafts-Beherrschungsverhältnis könnte im Produktionsbetrieb nicht mehr ausgegangen werden. Die betriebliche Gewerkschaftsvertretung könnte nicht mehr von einer ausgewiesenen Position der Beherrschten aus argumentieren, sondern müsste gegen die freiwillige Unterordnung der Belegschaft ankämpfen und sich entsprechend unbeliebt machen. Die Zentrale der IG Metall würde wie bisher über die Beteiligung im Aufsichtsrat auf oberster Ebene eingebunden, verlöre aber auf allen unteren Ebenen - bis auf über häufiges Meckern kaum hinauskommende unzufriedene Arbeitgruppenmitglieder - ihre Ansprechpartner. So begrüßenswert die Festigung der Arbeitsgruppenarbeit auch ist, nicht zu übersehen sind jedoch die negativen Auswirkungen des Werkvertrages.[1]

9.1.2 Globale Durchsetzungschancen des zivilgesellschaftlichen Konzepts in der Dienstleistungsbranche

Martin Kempe berichtet in seinem bereits zitierten Artikel von einem Extrembeispiel aus dem Bereich der Call Center, das stellvertretend für viele andere Dienstleistungsunternehmen[2] wie Banken, Versicherungen und sonstige informationsver-

1 In der endgültigen Einigung vom 28. 8. 01 steht nicht mehr der Werkvertrag sondern die Arbeitszeit im Vordergrund, die maximal mögliche wöchentliche Arbeitszeit wurde auf 42 Stunden reduziert und die Entlohnung orientiert sich am Flächentarifvertrag. Außerdem erhalten die neu eingestellten Arbeiter nach Ablauf einer Probezeit die Chance einer unbefristeten Beschäftigung (Frankfurter Rundschau und Tagesspiegel, 29.8.01).

2 Inzwischen arbeiten in Deutschland nur noch 24 Prozent aller Beschäftigten in der Industrie und rund 60 Prozent im Dienstleistungssektor, wobei sich in den 24 Prozent noch weitere Prozente produktionsnaher Dienstleistung verbergen können.

arbeitende Branchen steht und durch Zerlegen komplexer Arbeitsprozesse in kleinste Einheiten für niedrig qualifizierte, monotone Arbeit zugänglich wird. Ein „Agent“ hat bis zu 200 „Calls“ pro achtstündigem Arbeitstag abzuwickeln, d.h. alle zwei Minuten ein Anruf. In der Zwischenzeit müssen entweder eine Bestellung, eine Auskunft oder ein Routinekontakt mit 20 Sekunden Zeit für Nacharbeit erledigt sein. In einem anderen Call Center gibt der Zentralcomputer den Takt vor. Er speichert vor allem die „persönlichen Verfügungszeiten“ der Agenten. Je mehr abgefertigte Anfragen bei gleichbleibender Freundlichkeit gegenüber dem Anrufenden pro Stunde, desto besser. Die knappen Zeiträume bewirken, dass die Agenten voneinander isoliert werden, keinen Informationsaustausch zur Verbesserung der Kundenkontakte pflegen können und unter Stress, Monotonie der Arbeit und Demotivierung leiden. Dieses extreme Beispiel des Taylorismus aus dem Dienstleistungsbereich[1] lehrt, dass die Reduzierung der Arbeitenden auf ein eng umgrenztes Tätigkeitsfeld der zivilgesellschaftlichen Ausrichtung von Gesellschaft nicht entgegen kommt. Weder die Manager solcher Unternehmen noch deren gedemütigte Beschäftigte wird man ohne Vorbehalte als konstruktive Mitglieder einer Zivilgesellschaft bezeichnen wollen. Setzt sich in der industriellen Produktion sowie im immer umfangreicher werdenden Dienstleistungsbereich die von dem großen Kapitalfonds geforderte absolute Orientierung am weltweit produktivsten Beispiel für technische Ausrüstung, Organisationsstrukturen und Rationalisierungsmethoden (Benchmarking) durch, wird das gesamtgesellschaftliche Umfeld, in dem diese Vorreiter beheimatet sind, zum Maßstab für die angeblich fortschrittlichste Gesellschaft. Damit werden aber auch alle Defizite dieser Gesellschaft zum Vorbild für die angeblich zurückgebliebenen, was dazu führen kann, dass der zunehmende Protest der Bürger gegen verhasste Anpassungsmaßnahmen den Zusammenhalt der Gesellschaften zu sprengen droht und das Ziel der Angleichung in immer fernere Zukunft verschwinden lässt. Dient Benchmarking als Herausforderung, wie man auf andere Weise als in den „Vorbild“gesellschaften zum gleichen oder besseren Ergebnis kommt, werden bisher ungenutzte produktive Kräfte freigesetzt, zu denen dann auch die Stärkung der zivilgesellschaftlichen Komponente zählen kann. Das Beispiel unterschiedlicher Wege in der Automobilproduktion zeigt, dass die jeweils gegebenen besonderen gesellschaftlichen Bedingungen produktiv umgesetzt werden können. Dazu bedarf es sowohl einer intensiven Analyse dieser Bedingungen wie der ihnen immanenten Kombinationsmöglichkeiten, so dass auf eine gesellschaftsverträglichere Weise eine gesamtgesellschaftliche Entwicklung angestoßen und sedimentiert werden kann. Nicht vorschnelle Anpassung an fremde Vorbilder, sondern bewusste Fortentwicklung des vorhandenen Ensembles relativ stabiler sozialer und staatlicher Formen weist den Weg zu weltweiter Konkurrenzfähigkeit.

---

1 Dazu zählen: „Handel, Banken, Versicherungen, Reparatur- und Wartungsdienste, Transport, Verkehr, Kommunikation, Versorgungsdienste wie Gas, Wasser und Elektrizität, aber auch Dienste der Körperpflege, Beherbergung, Verpflegung, Reinigung oder die traditionellen Dienstleistungen im Haushalt“ (Schott-Winterer/Riede, a.a.O.)

9.1.3 Von der Arbeitslosigkeit zur Selbständigkeit

Mit Blick auf das Vollbeschäftigungsziel hat sich vor Jahren schon Jürgen Kühl der Mühe unterzogen, einen ("durchgerechneten") Weg in vier Strategien vorzuschlagen."(Kühl, Jürgen, a.a.O.).

Die erste Strategie sollte - laut Kühl - durch ein ökologisches Modernisierungsprogramm eine halbe Million neuer Arbeitsplätze schaffen und zielte auf eine Stimulierung der privaten Umweltvorsorge durch industrie- und energiepolitische Weichenstellungen; d.h. der Strukturwandel sollte unternehmensbezogene, öffentliche und private Dienstleistungen in den zentralen Beschäftigungsfeldern fördern und beschleunigen, und zwar den Ausbau transeuropäischer Netze in den Bereichen Verkehr, Telekommunikation und Energie, die Reduktion des CO_2-Ausstoßes um 33% bei gleichzeitiger Energieeinsparung von 14%, die öffentliche Förderung des Wohnungsbaus von zwei bis drei Millionen Wohnungseinheiten, die Abwassersanierung, Maßnahmen zur Abfallbeseitigung, Luftreinhaltung und Umweltsanierung, die Forcierung der zukunftsträchtigen Umwelttechnologien, die Modernisierung kommunaler Nahverkehrssysteme, den Ausbau von Verkehrssteuerungstechniken und Hochgeschwindigkeitsstrecken (bisher in Teilbereichen erfüllt).

Die zweite Strategie zielte auf die Entwicklung innovativer Kreativität und sozialer Beschäftigungsverantwortung der privaten Unternehmen, der öffentlichen Arbeitgeber und der Tarifparteien, z.B. im Falle von Personalabbau das Bewusstsein dafür zu schärfen, dass durch rigorose Entlassungen auch Erfahrungspotential zerstört wird, auf das man dann für die Anpassung an veränderte Wettbewerbsbedingungen nicht mehr zurückgreifen kann (Erhaltung von "Belegschaftspuffern"). Statt dessen sollten in einer neuen Unternehmenskultur die in den Mitarbeitern repräsentierten Leistungspotentiale mit Blick auf neue Marktchancen vorausschauend entfaltet werden (bisher nur unzulänglich angegangen).

Die dritte Strategie zielte auf eine Politik forcierter Reduzierung der wöchentlichen und jährlichen Arbeitszeit (sowie der Lebensarbeitszeit), um bei verlängerten Maschinenlaufzeiten und flexibleren Arbeitsformen im Dienstleistungsbereich weitgehend kostenneutral zusätzlich zwei bis drei Millionen Menschen zu beschäftigen; z.B. durch eine allgemeine Arbeitszeitverkürzung (3 Stunden pro Woche), die Reduzierung der Arbeitszeit Ost auf das Niveau West, die vermehrte Teilzeitarbeit im Osten, die Umwandlung von Nachtarbeits-, Samstags- und Sonntagsarbeitszuschlägen sowie der Überstundenvergütung in Freizeitausgleich, die Realisierung von Teilzeitwünschen, Weiterbildungs-Sabbaticals, Elternurlaub, Teilrente bei gleichzeitiger voller Rentenversicherung (auch nur in Teilbereichen begonnen).

In der vierten Strategie forderte Kühl die Beibehaltung der öffentlichen Förderung von Beschäftigung und Qualifizierung als Entlastung des Arbeitsmarktes in einer Größenordnung von bis zu 2 Millionen Personen im Jahr. Arbeitsmarktpolitik müsse innovativ und wirtschaftsnah gestaltet werden, damit sich die individuellen Chancen auf dem Arbeitsmarkt erhöhten und Langzeitarbeitslosigkeit vermieden sowie

nachhaltig abgebaut werde.[1] Während Kurzarbeit, Vorruhestand und Altersübergangsgeld an Bedeutung verlören, sollten die Instrumente der beruflichen Weiterbildung, der Lohnkostenzuschüsse, der Projektfinanzierung und von ABM weiterhin eingesetzt werden. Qualifizierungsmaßnahmen seien attraktiver zu gestalten, z.B. durch Erhöhung des Unterhaltsgeldes. Es sollte geprüft werden, inwieweit Abfindungen beispielsweise "als Lohnkostenzuschuss in eine neue betriebliche Anstellung mitgenommen werden können, Existenzgründungen mit Sozialplanmitteln und bei der Mitnahme von Betriebsteilen und Ausrüstung erfolgen können, Arbeitskräftepools mit der Funktion des Transfers von Arbeitskräften aus industriell geprägten Unternehmen in handwerkliche sowie kleine und mittlere Unternehmen begründet werden können, zielgruppenorientierte Vermittlung und Outplacement realisiert werden kann, statt Abfindungen zu zahlen, zielgerichtete Qualifizierung in der Form von Coaching-Gesellschaften oder Firmenverbünden zur Förderung der Weiterbildung finanziert werden können."(ebd.S.95/96).
Die Eingliederungschancen der hohen Zahl von ungelernten Langzeitarbeitslosen sollten laut Kühl durch verbesserte Berufsausbildungsbeihilfen (längere Laufzeiten und flexible Altersbegrenzungen), höhere Einarbeitungszuschüsse und betriebliche Praktika günstiger werden. Lohnnebenkosten könnten durch Senkung der Beitragssätze reduziert werden. Nach Kühl wäre es möglich gewesen, "mit dem koordinierten Einsatz der beschriebenen Strategien (...) die Lücke von mehr als sechs Millionen fehlenden Arbeitsplätzen bis zum Jahr 2000" zu halbieren (ebd.S.97).
Die von Kühl vorgeschlagenen Strategien fußten größtenteils auf bereits erkennbaren Differenzierungen des Arbeitslebens. Sie kamen dem Wunsch der Subjekte nach Selbstverwirklichung entgegen. In der Zwischenzeit wurden die Strategien jedoch nur teilweise in die Praxis umgesetzt. Der Prozentsatz der Arbeitslosigkeit hat sich nicht halbiert, ist aber immerhin deutlich zurückgegangen.
Im Sinne der dritten Strategie Kühls, Vollzeit- zu Teilzeitarbeit umzuwandeln und dadurch Arbeitslosen zu Arbeitsplätzen und -einkommen zu verhelfen, richtete man z.B. bei AEG-Lichttechnik in Springe/Niedersachsen ein Hilfsfonds ein, der von den niedersächsischen Metallpartnern gegründet und aus nicht erstatteten Kontoführungsgebühren der Metallgewerkschaftler und einem anteiligen Direktbetrag der Metallindustrie gespeist wurde. Aus dem Hilfsfonds konnten bis zu 90 Prozent des Verdienstausfalls erstattet werden. Die Unternehmensleitung musste sich verpflichten, auch tatsächlich Arbeitskräfte für frei gewordene Arbeitsplätze einzustellen. Die kürzeren Wochenarbeitszeiten führten zu einem Produktivitätsschub. Auf sieben Stunden Arbeit pro Woche verzichteten vor allem Frauen. Laut Anfragen unter Arbeitszeitberatern verhalten sich jedoch nicht nur die Männer zurückhaltend bis ablehnend, sondern auch Unternehmensleitungen, die mit dem Übergang auf

1 Das unter Federführung des rheinland-pfälzischen Sozialministers Florian Gerster entwickelte „Mainzer Modell für Beschäftigung und Familienförderung" zeigt, wie die Aufnahme einfacher Tätigkeiten für Arbeitnehmer durch Zuschüsse zu den Sozialversicherungsbeiträgen und einem Zuschlag zum Kindergeld finanziell attraktiv gemacht werden kann (Florian Gerster,a.a.O.)

Teilzeit einen Kontrollverlust über ihre Arbeitskräfte befürchten. Eine neue Unternehmenskultur sei nötig. Ein Vorgesetzter, der am liebsten rund um die Uhr im Büro sitze, erwarte das auch von seinen Mitarbeitern (Die Zeit,23.9.99). Mit Bezug auf das vor kurzem verabschiedete Tarifzeitgesetz betonte auch das Deutsche Institut für Wirtschaftsforschung, dass sich die Wünsche zum Wechsel von Voll- auf Teilzeit nur realisieren ließen, „wenn die bestehenden Vorbehalte der Arbeitgeber gegen die vermehrte Bereitstellung" abgebaut werden könnten (Frankfurter Rundschau,7.12.00).

Arbeitslose drängen aber zunehmend auch in neue Formen der Selbständigkeit. Die „neuen" Selbständigen werden vom arbeitgebernahen Spektrum begrüßt und von gewerkschaftsnahen Organisationen und Institutionen in die Nähe von Scheinselbständigkeit und Schwarzarbeit gerückt. Im arbeitnehmerorientierten Argumentationsmuster wird vor allem die Krise des Arbeitsmarktes und die Dezentralisierung der Unternehmen verantwortlich gemacht. Der Weg in die Selbständigkeit stelle nichts anderes als eine Überlebensstrategie dar, sei beispielsweise als Folgeerscheinung von Outsourcing eine defensive Reaktion auf die sonst drohende Arbeitslosigkeit und zeichne sich durch fehlende Selbstbestimmung über Arbeitsinhalte und Arbeitsweise bei Übernahme des Marktrisikos aus. Das „subjektivistische Argumentationsmuster" deutet laut Josef Reindl die Ausbreitung selbständiger Erwerbsformen „als Resultat eines Wertewandels, der plakativ mit den Begriffen Individualisierung und Selbstverwirklichung umschrieben wird" (Josef Reindl,a.a.O.). So berichtet z.B. Birgit Geissler in einem Vortrag vor dem Mailänder Goethe-Institut: „Viele junge Männer und Frauen interessieren sich mehr für den Inhalt der Arbeit als für Aufstieg, Status und Arbeitsplatzsicherheit, sie suchen nach Selbstbestimmung und fachlichen und persönlichen Entwicklungsmöglichkeiten in der Arbeit." (Birgit Geissler, a.a.O.). Es dominieren in der Arbeitsorientierung interessante Arbeit und Kooperation unter Gleichen, fachliche und persönliche Entwicklungsmöglichkeiten in der Arbeit, die Zusammenführung von flexiblen Formen der Arbeitsorganisation mit hoch individualisierten Lebensweisen. Im Vordergrund stehen produktionsbezogene Dienstleistungen. Oftmals wird (und muss) aus Selbsterhaltungsgründen der Lebensunterhalt aus Einkommen mehrerer Quellen bestritten. Darunter verbergen sich neben dem noch für den Lebensunterhalt unzureichendem Einkommen aus selbständiger Tätigkeit Einkommen aus den verschiedensten Formen der unter dem erweiterten Arbeitsbegriff zusammengefassten Arbeit, z.B. Netzwerkhilfe, informelle und formelle Hilfe, gewerbliche und nichtgewerbliche Schwarzarbeit, informelle Eigenarbeit usw. der an Umfang zunehmenden Self-Service-Gesellschaft. „Unsere eigenen Untersuchungen haben ergeben", stellt Reindl als Ergebnis heraus, „dass die Wahl der Selbständigkeit die freie Entscheidung der Betroffenen ist und dass dieser Entscheidung zuvorderst ´materielle´ Motive zu Grunde liegen. Die allermeisten Selbstgründer rechnen sich in der (Schein-)Selbständigkeit eine höhere Revenue als in der Lohnarbeit aus". Reindl kommt zwar zu dem Schluss, dass in den meisten Fällen die Kalkulationen nicht aufgehen, aber sie blieben dennoch

„handlungstreibend und -orientierend" (Josef Reindl, a.a.O.). Die nach Selbständigkeit Strebenden betrachteten sich nicht als Opfer, sondern als Täter ihres Erwerbslebens, was jedoch nicht ausschließt, dass im Falle ihres Scheiterns die übrigen Gesellschaftsmitglieder die offene Rechnung bezahlen müssen.

9.1.4 Bildung als Voraussetzung für die Teilnahme am öffentlichkeitswirksamen Diskurs

Lebensqualität zeichnet sich immer stärker dadurch aus, „dass die Bürger einer Gesellschaft sich weniger als passive Empfänger von Wohlfahrtserträgen betrachten, sondern vielmehr als fähige und selbständige Akteure agieren können, die ihre Lebensqualität im Kontext demokratischer Institutionen aktiv zu gestalten vermögen" (Abschlussbericht, a.a.O., S.595). Grundlage dieser Fähigkeit ist die ihnen zukommende Autonomie, d.h. ihr Bezug auf sich selbst gegenüber den vielfältig auf sie einwirkenden Kräften und die Entfaltung ihrer eigenen Kräfte gegen die anderen. Das autonome Subjekt ist die sich selbst entwerfende extreme Differenz, einzigartig, frei in der Entfaltung seiner Elemente, darin angewiesen auf die volle Teilhabe an der Sphäre der Kommunikation und der politischen Entscheidung. Ihr Selbstverwirklichungsstreben verläuft in gegenläufigen bis hin zu widersprüchlichen Bahnen, und als sich selbst bestimmende, bewusst und begründet handelnde autonome Subjekte sind sie für ihre Handlungen verantwortlich. Ihre unaufgebbare Verschiedenheit wäre zweifellos am besten in der symmetrischen Teilhabe an der Macht aufgehoben, oder wenigstens in der Perspektive auf eine solche. Aber für das Maß an erreich- und verteidigbarer Autonomie ist nicht unerheblich, wie stark die Kräfte sind, von denen im machtdurchsetzten öffentlichen Raum der Versuch unternommen wird, die artikulatorische Praxis der autonomen Subjekte erst gar nicht zur Entfaltung kommen zu lassen oder sie gleich nach dem Auftauchen auf die verschiedenste Weise wieder zu untergraben. Verantwortlichem Handeln gegenüber sich selbst und gegenüber anderen muss deshalb - in Hinblick auf die optimale Entfaltung der Subjekte - sowohl die Integration von ethischer Selbstverwirklichung, persönlicher Handlungsfreiheit, politischer Selbstgesetzgebung und moralischer Selbstbestimmung wie auch die gesellschaftliche Garantie der vier Formen der Autonomie zugrunde liegen, da die persönliche Integrationsaufgabe nur gelingen kann, wenn die gesellschaftlichen Voraussetzungen es erlauben.

Ist diese unverzichtbare Grundlage stetiger sozialer Innovation gegeben, kann die zivilgesellschaftliche Komponente tatsächlich zur prägenden Kraft einer zunehmend dienstleistungsbestimmten Gesellschaft werden, in der Informationsbeschaffung, -selektion und -präsentation ohne ein hohes Maß an Versiertheit mit Medien nicht mehr zu bewerkstelligen sind,[1] Arbeit im Team unter gleichzeitiger Konkur-

1 „Medienkompetenz wird als vierte Kulturtechnik, neben Lesen, Schreiben und Rechnen, eine immer wichtigere Rolle spielen. Als medienkompetent gilt jemand, der
- Medienangebote auswählen und nutzen,
- eigene Medienbeiträge gestalten und verbreiten,

renz zur Grundlage von Beschäftigungsfähigkeit zählt, Aus- und Weiterbildung sowie Krankheits- und Altenvorsorge auch der Selbstverantwortung überantwortet wird. In einer solchen Gesellschaft ist nicht der passive Bürger der Konsumgesellschaft gefragt, in der ausschließlich seine marktgängigen Rollen Arbeitskraftverausgabung und Konsumieren Beachtung finden, jedoch der selbstbewusste und aktive Bürger der Zivilgesellschaft, dessen Potentiale zuvor im Bildungssystem entfaltet worden sind, so dass er seine Chancen zur Selbstverwirklichung auch erkennen und wahrnehmen kann.

Das zivilgesellschaftlich ausgerichtete Bildungssystem setzt sich zum Ziel, die in der Bevölkerung vorhandenen Bildungspotentiale zu heben und jedem die Möglichkeit zu geben, sich selbst bis zu dem für ihn erreichbaren Bildungsniveau zu entfalten. Bürger aktivierende Institutionen, welche Information, Wissen, Beratung und Vernetzungsmöglichkeiten bereitstellen, den gesellschaftlichen Diskurs moderieren und die Inklusion unterrepräsentierter Gruppen fördern, begleiten und unterstützen den Einzelnen in seinen Selbstverwirklichungsbemühungen (Abschlussbereicht, a.a.O., S.595).

Für das existierende, noch an der industriellen Erwerbsgesellschaft ausgerichtete Bildungssystem ergeben sich aus der Umorientierung auf eine „Wissensgesellschaft" einschneidende Veränderungen, von denen bereits die vorschulische Erziehung erfasst wird und die bis zur Bereitstellung von Weiterbildungsangeboten für alle Bildungsabschlüsse reichen.

Wenn Flexibilität im Erwerbsleben dazu führt, dass Eltern ihre Erziehungsaufgaben nicht mehr ausreichend wahrnehmen können und funktionierende Familienbeziehungen zur Ausnahme werden, fällt dem Kindergarten über Verwahrungs- und Beschäftigungsaufgaben hinaus stärker als bisher die Erziehung der Kinder und ihre Hinführung zur schulischen Reife zu.[1] Kindergarten und Vorschule erhalten nach dem französischen Beispiel der école maternelle noch stärker als bisher die Aufga-

---

- Medieneinflüsse erkennen und aufarbeiten und
- Bedingungen der Medienproduktion und Medienverbreitung im gesellschaftlichen Zusammenhang durchschauen und beurteilen kann.

...Unsere Kinder müssen nicht nur lernen, die richtigen Knöpfe am PC zu drücken. Sie müssen auch lernen, wie sie mit den Inhalten richtig umgehen. Das ´Ja, das kann ich´ muss ergänzt werden um das ´Nein, das will ich nicht´. Kompetenter Umgang mit Medien ist für jeden eine Chance, sein Leben selbstbestimmt zu gestalten, ein Freiheitszugewinn. In einer medienorientierten Gesellschaft ist der kritische Umgang mit Medien die Voraussetzung, selbst und bewusst zu entscheiden, wie man leben will. In diesem Sinne verstehe ich Medienkompetenz auch als ein ´Abwehrrecht´ gegen ungewollte Einflüsse, gegen Fremdbestimmung." (Heide Simonis, a.a.O.).

1 „Dabei erscheint es mir auch wichtig darauf hinzuweisen, das Bildung eben nicht erst mit der Ausbildung oder mit der Schule beginnt. Sie beginnt bereits institutionalisiert in den Kindergärten. In anderen europäischen Ländern wird diesem Teil des Bildungssystems immer mehr Aufmerksamkeit gewidmet. Kindertagesstätten sind eben nicht nur Halbtagsbetreuungseinrichtungen, sondern leisten als Bildungseinrichtungen einen großen Beitrag zum Abbau von Chancenungleichheit." (Eva-Maria Stange, a.a.O.).

be, Chancengleichheit für Kinder aus bildungsfernen Schichten und nicht deutsch als Muttersprache sprechenden Bevölkerungsteilen herzustellen.[1] Kinder müssen frühzeitig lernen, auch mit Kindern zusammenzuleben, die sich nicht entsprechend ihrer Erwartungen verhalten und auch ohne ihre Hauptbezugspersonen längere Zeit auskommen können, ohne dadurch psychischen Schaden zu nehmen (Frankfurter Rundschau, 22.2.01).

In der Vorschule und Primarstufe, die wie bisher durch das Erlernen von Kulturtechniken wie Lesen, Schreiben und Rechnen gekennzeichnet ist, kommt der spielerische Umgang mit einer Fremdsprache (wahlweise Englisch oder z.B. Französisch) hinzu, um ein für die zunehmend interkulturell ausgerichtete Gesellschaft angemessenes Sozialverhalten entwickeln zu können.[2]

Wissensvermittlung und Erziehung im Sinne demokratischer Grundwerte und selbstverantwortlichen Handelns bereiten schon in der Primarstufe darauf vor, dass in der Sekundarstufe I die Ausdifferenzierung der nächsten Generation nach dem Kriterium der Leistungsfähigkeit beginnt. „Wenn man ... Allgemeinbildung als diejenige Bildung definiert, die den Bezug der heranwachsenden Kinder auf das Ganze, auf die Gesellschaft bestimmt, dann besteht ein wesentliches Ziel der Primarstufe darin, die Schüler darauf vorzubereiten, dass sie unterschiedliche Beiträge für die Herstellung des Gemeinsamen in unserer Gesellschaft leisten werden und dass die Zuordnung zu den verschiedenen Schulformen der Sekundarstufe I das vorausweisende Indiz für diesen unterschiedlichen Beitrag ist." (Meinert A. Meyer, a.a.O., S.77). Für den Übergang zur Sekundarstufe I benötigen Kinder aus bildungsfernen Bevölkerungsschichten trotz Förderung ausreichend Zeit, ohne dass darüber die Auslese nach verschiedenen Schularten leiden muss.[3] Für welche Schulart das Kind

1 Dieter Wunder, Experte des Sachverständigengutachtens der gewerkschaftsnahen Böckler-Stiftung, bezeichnet zwar das französische Vorschulmodell als rigide, hält aber die deutsche Kindergartenpraxis für dringend reformbedürftig. Es sei falsch, die „ungeheuer lernbereiten" Fünfjährigen mit ihrer Neugierde auf den künftigen Schulstoff auf die Zeit nach der Einschulung zu vertrösten (Richard Meng, a.a.O.).

2 „Interkulturelle Erziehung ist unentbehrlich in der Zusammenarbeit mit Menschen verschiedener Nationen und was besonders wichtig ist, sie ist die beste Prävention gegen Fremdenfeindlichkeit und Rassismus." (Renate Herranen, a.a.O.).

„Interkulturelle Sprachbildung im Kindergarten vollzieht sich koordiniert und systematisch in den verschiedenen Erstsprachen und in der Mehrheitssprache Deutsch. In der Schule sind Sprachen nicht länger nach politischen oder kulturellen Befindlichkeiten zu bewerten, sondern nach ihrer Funktion für das einzelne Kind. Das Modell der Begegnungssprache und weitere Fremdsprachen können unter diesen Umständen von allen Kindern wesentlich einfacher erlernt werden, als die heute der Fall ist." (Sanem Kleff, a.a.O.)

3 Ausreichend Zeit zu haben heißt für den einen, bereits nach 11 Jahren Schulzeit für das Abitur vorbereitet zu sein, und für den anderen, erst nach 14 Jahren so weit zu sein. „Statt mit rigiden Regelungen die bunte Nachfrage zu disziplinieren, sollten Vielfalt, Durchlässigkeit und Flexibilität das schulische Angebot bestimmen. ... Am effektivsten lernen jene Schüler, die ihr Tempo selbst bestimmen. Das geht am besten in Bildungsinstitutionen, die sich nach den Bedürfnissen der Kinder und Jugendlichen richten - und nicht umgekehrt." (Martin Spiewak, a.a.O.)

schließlich vorgeschlagen wird, ist Aufgabe der Grundschullehrer und welche weiterführende Schule das Kind schließlich besucht, kann nicht mehr dem Elternwillen allein überlassen bleiben.

Aus der Perspektive der Sekundarstufe II ist die Sekundarstufe I für alle Schularten eine die Lebenswelt der Schüler überschreitende, nach Leistungsvermögen differenzierte inhaltlich gleiche oder zumindest ähnliche Bildung, die als Grundbildung sowohl für ein späteres Studium wie für den Einstieg in die Berufsbildung geeignet ist. Einigermaßen reflektiert und kritisch mit der eigenen Geschichte umzugehen und aus diesem Verständnis heraus politisch zu handeln, im Fremdsprachenunterricht die Befähigung zur internationalen Verständigung, Kommunikation mit Angehörigen fremder Länder und Kulturen zu erwerben und durch Beschäftigung mit der Literatur und Kultur fremder Länder den eigenen Horizont zu erweitern, Einblick und Verständnis für Natur und Technik und für die spezifische Sicht der Naturwissenschaften im naturwissenschaftlichen Unterricht zu erhalten, mit ökonomischen Prozessen vertraut zu sein, musische und gestalterische Neigungen zu entwickeln und anders mehr sind von der Gesellschaft an die Sekundarstufe I herangetragene und zu erfüllende Forderungen (ebd.S.90/91). Angesichts des Gymnasiums als dem am meisten besuchten Schulzweig kommt als weitere Forderung hinzu, vor Abschluss der zehnten Klasse an Hand überprüfbarer Kriterien einschätzen zu können, ob der eingeschlagene Bildungsgang fortgesetzt werden kann bzw. ein Wechsel zu einer anderen Schulart vorgenommen werden sollte.

Auch die Sekundarstufe II ist von der ihr nachfolgenden Bildungsstufe, Studium und Berufsausbildung, bestimmt. „Von den Oberstufenschülern und -schülerinnen wird erwartet, dass sie Spezialisierung mit Bewusstheit und Reflektiertheit verarbeiten, dass sie ein aufgeklärtes Bewusstsein der besonderen Bildungssituation erwerben, in der sie sich befinden." (ebd.S.109). Allgemeinbildung wird in ihr nur noch als Konstrukt erfahren. „Das Gemeinsame, das die Schüler der verschiedenen Bildungsgänge verbindet, ist nicht ein Paket zu erlernender Inhalte, auch nicht ein gemeinsamer Problemkatalog. Vielmehr ist es die Fähigkeit, trotz unterschiedlicher Schwerpunkte miteinander kooperieren zu können und einander, so gut es geht, zu verstehen."(ebd.S.111). Welches die wirklichen Entwicklungsaufgaben der nachwachsenden Generation sein werden, vermag niemand exakt zu bestimmen.

Von ausschlaggebender Bedeutung für Bildung in einer Wissensgesellschaft, in der „aufgeklärte Ungewissheit" das Ende des Bildungsgangs markiert und in der nur noch vorläufige Antworten auf vorläufige Fragen gegeben werden können, ist das Prinzip, „Lernern lehrend zu helfen", sich selbst Ziele zu setzen, sich selbst bestimmen zu lernen (Meinert A. Meyer, a.a.O., S.60/61). Daraus folgt - abgestuft von der Erziehung im Kindergarten bis hin zur Unterrichtung von Erwachsenen - der „Aushandlung von Bedeutung" im Zusammenspiel von Lehrenden und Lernenden Vorrang einzuräumen und zu akzeptieren, dass vom Lernenden im Unterrichtsprozess eine eigene, sein Lernen bestimmende Bedeutungswelt aufgebaut wird, aus der ihm didaktische Kompetenz und Verantwortung für den Unterricht und für das

Lernen erwächst (ebda.S.21). Schule wird zur „lernenden Schule, ... die sich mit methodischem Geschick und pädagogischem Optimismus auf den Weg gemacht hat, den Schülern bei der Organisation ihres eigenen Lernens zu helfen, statt sie mit dem Wissen und Können der Erwachsenengeneration zu stopfen“ (ebd.S.154).
Die lernende Schule benötigt Spielraum zum Ausprobieren verschiedener Wege und zur Entfaltung eines eigenen Profils. Daraus folgt ein Zurücktreten der Schulaufsicht auf die Festlegung und die Überprüfung von Rahmenbedingungen und die Bestärkung der einzelnen Schulen und Schulformen in den von ihnen angestrebten Profilen. Schulaufsicht erhält eine beratende Funktion und verliert Teile ihres administrativen Charakters.
Wenn niemand begründet sagen kann, welches die Entwicklungsaufgaben der nachwachsenden Generation sein werden, ist die Festlegung auf einen hergebrachten Bildungskanon kontraproduktiv. Die Schule geht nicht vorrangig mit dem Staat, sondern mit den Schülern und Erziehungsberechtigten ein Verhältnis von Rechten und Pflichten ein und sorgt durch eine geeignete Strukturierung und Organisierung von Schule sowie durch die optimale Gestaltung von Unterricht und Erziehung für ein zeitgemäßes Bildungsangebot, das auf ein Universitäts- und Fachhochschulstudium bzw. auf eine Berufsausbildung vorbereitet.
Ein zeitgemäßes Hoch- und Fachhochschulstudium erfordert in einer Wissensgesellschaft, dass über solide Grundkenntnisse und fachlich spezifisches Wissen hinaus Schlüsselkompetenzen erworben werden können wie „Lernkompetenz, soziale Kompetenz, interkulturelle und internationale Kompetenz, kritische Urteils- und Orientierungsfähigkeit, die Fähigkeit zu schöpferischem Gestalten (kreative Kompetenz), die Fähigkeit, mit der ständig wachsenden Menge an Informationen und den sie erschließenden und vermittelnden Technologien umzugehen, das Verständnis für fach- und disziplinübergreifende Zusammenhänge“ (Hochschulen für das 21. Jahrhundert ..., a.a.O., S.6). Wie die Schule muss sich nach einer Aussage von Hans N. Weiler auch die Universität darauf konzentrieren, „lernen zu lehren“. Statt die Studenten für eng umschriebene Berufsfelder auszubilden, solle die Fähigkeit vermittelt werden, „komplexe, fächerübergreifende Zusammenhänge verstehen zu können“ (Hans. N. Weiler,a.a.O.).
Um diesen Erfordernissen gerecht zu werden, bedarf es einer umfassenden Strukturreform des Hochschulwesens und einer engeren Verzahnung mit den verschiedenen gesellschaftlichen Bereichen. „Die Humboldtsche Universitätsidee war nicht die ´Gelehrtenrepublik´ - er hielt die Professoren für weitgehend unfähig, sich selbst zu verwalten -,“ kommentiert Werner Hoffacker die gegenwärtige Diskussion über neue Organisations- und Steuerungsmodelle für die Universitäten, „sondern wesentlich die staatliche Anstalt, der im Interesse des gesellschaftlichen Nutzens die Wissenschaftsfreiheit (individuell und institutionell: d.V.) staatlich verordnet und garantiert worden ist, ...“ (Werner Hoffacker, a.a.O.). „Unter geänderten gesellschaftlichen und politischen Rahmenbedingungen“ stelle sich erneut „die Frage der Balance zwischen Freiheit und Gemeinnützigkeit und der Organisations-

form, in der sie zu beantworten ist." (ebd.). Nicht als Zielvereinbarungen zwischen den über die Finanzen verfügenden Kultusministerien und den um eine ausreichende Ausstattung besorgten Hochschulen seien die Entwicklungsperspektiven festzuschreiben, sondern als Diskurs zwischen dem parlamentarisch-politischen System und den Hochschulen.[1] Schon gar nicht dürften sie den Markt- und Wettbewerbsmechanismen überlassen werden, von denen die Balance zwischen Freiheit und Gemeinnützigkeit nicht automatisch hergestellt werden könne (ebd.). Lieselotte Steinbrügge, die im gegenwärtig allseitig hochgelobten amerikanischen Universitätssystem nicht, wie immer vermutet, „das Geld", aber sehr wohl den „Markt" als treibende Kraft für die Gründung, den Ausbau oder die Verkleinerung von Universitäten, die Zulassung von Studenten und die Einrichtung von Studiengängen, die Berufung von Professoren und ihre Besoldung sieht, spricht sich weder für die teilweise noch die völlige Übernahme des amerikanischen Systems aus, sondern plädiert vor allem für ein Aufbrechen der unheiligen Allianz zwischen den Konser-

1 Das bereits zitierte hochschulpolitische Memoradum zählt folgende Eckpunkte einer Hochschulreform auf:
„a) die Sicherstellung einer im Vergleich zur bisherigen Praxis weitergehenden und über politische Rhetorik hinausgehenden Autonomie der Hochschule vom Staat, vor allem in Fragen der strategischen Selbststeuerung und der eigenverantwortlichen Verwendung und Verwaltung personeller und finanzieller Ressourcen, sowie die Schaffung der institutionellen Fähigkeit der Hochschulen zu einer solchen Selbststeuerung;
b) neue Gestaltungsmöglichkeiten zur Setzung institutioneller Prioritäten und damit zur Herausbildung unverwechselbarer institutioneller Profile der einzelnen Hochschulen;
c) die Schaffung eines wirkungsvollen und anreizorientierten Rahmens für einen transparenten Leistungswettbewerb der Hochschulen in Lehre und Forschung, vor allem auf dem Wege über ausdrückliche und verlässliche Leistungs- und Finanzierungsvereinbarungen;
d) die Entwicklung leistungsfähiger Leitungs- und Entscheidungsstrukturen innerhalb der Hochschulen, die zur Sicherung ihrer Wirksamkeit in einer doppelten (inneruniversitären und gesellschaftlichen) Legitimation begründet sein müssen (Zusammenwirken von repräsentativen hochschulinternen Gremien mit staats- und universitätsunabhängigen, aber parlamentarisch legitimierten Hochschulräten (Boards);
e) die damit eng verknüpfte Entwicklung konkreterer und transparenterer Formen der Rechenschaftslegung der Hochschulleitungen gegenüber universitären und gesellschaftlichen Aufsichtsgremien, einschließlich der Einrichtung von Sanktionenen für die mangelhafte Erfüllung von Leitungsaufgaben (ohne damit neu gewonnene Eigenverantwortung wieder einzugrenzen);
f) die Erprobung und Einführung privatrechtlicher und unternehmensähnlicher Organisationsformen im Hochschulwesen (nicht notwendigerweise privater Hochschulen) und die Förderung einer unternehmerischen Kultur an den Hochschulen (z.B. durch Erzielung eigener Einnahmen);
g) die grundsätzliche belastungs- und leistungsbezogene Allokation sowohl von Ressourcen für Forschung und Lehre als auch von persönlichen Bezügen, die auch den Einsatz für wichtige Neuerungen honoriert." (Hochschulen im 21. Jahrhundert, a.a.O., S.9).
Anzumerken ist im Punkt g), dass es einen inneruniversitären Finanzausgleich zwischen einnahmestarken und -schwachen Sektoren geben muss, denn nicht jeder Bereich hat die gleichen Einnahmemöglichkeiten. Außerdem sind Regelungen notwendig, die neue, der Forschung und Lehre abträgliche Abhängigkeiten z.B. von starken Unternehmen verhindern helfen.

vativen, die die Bildung nicht aus der Hand des Staates geben wollen, und den Linken, die dem Markt grundsätzlich misstrauen und ihn undemokratisch finden. Die augenblickliche Immobilität bemäntele lediglich den bestehenden Zustand, ohne wirkliche Abhilfe für das international nicht mehr konkurrenzfähige Hochschulsystem schaffen zu können (Lieselotte Steinbrügge,a.a.O.). Dass alle wieder die Chance zur Bildung nutzen und nutzen können, die wachsende Kluft zwischen Wohlgebildeten sowie Wohlsituierten und der Restgesellschaft, zu der inzwischen große Teile des Arbeitermilieus einschließlich eines hohen Anteils von Ausländern gehören, erkannt und in ihr Gegenteil verkehrt wird, bedarf einer durchgreifenden Bildungsreform vom Kindergarten bis hin zum Hochschulabschluss.

10. Schlussbemerkung

Ohne gleichgerichtete Bemühungen in den verschiedenen Mitgliedsländern der Europäischen Union, eine zivilgesellschaftlich ausgerichtete Gesellschaftsstruktur zu entwickeln,[1] und ohne die Einsicht amerikanischer Regierungen, dass dem Staat gegenüber dem formlosen Gegenhalt der hegemonialen Formationen - darunter insbesondere hochrangigen hegemonialen Formationen - eine eigenständige, durch nichts zu ersetzende Aufgabe zur Selbsterhaltung und Selbstverwirklichung von Gesellschaften zufällt, werden zivilgesellschaftliche Bestrebungen weiterhin auf den massiven Widerstand der an der Entfaltung von Marktgesellschaften interessierten hegemonialen Formationen stoßen.

Ohne ausreichende Kenntnis über den erforderlichen Umfang des zivilgesellschaftlichen Umbaus gegenwärtiger Gesellschaften wird als Ergebnis lediglich der Rückzug des Staates aus seinen in der Vergangenheit übernommenen bzw. ihm übertragenen Aufgaben erzielt werden. Der bloße Rückzug des Staates auf seine so genannten „Kernaufgaben" ist jedoch Teil des neoliberalen Konzepts und widerspricht zivilgesellschaftlicher Strategie. Wenn man beispielsweise als „zentrales Element zivilgesellschaftlicher Verfasstheit" das Prinzip der Subsidiarität bezeichnet, wie es im Kapitel 1.3 der vom Regierenden Bürgermeister Berlins herausgegebenen Berlinstudie formuliert wird (Die Berlinstudie, a.a.O.), und darüber hinaus lediglich davor warnt, staatliche durch private Monopole zu ersetzen, wird die gegenwärtige globale Situation der Untergrabung nationalstaatlicher Eingriffsmacht verharmlost. Wenn man außerdem zwar völlig richtig hervorhebt, dass Zivilgesellschaft nicht als Appendix staatlicher Veranstaltung gedacht werden kann, aber zwischen beiden einen absoluten Gegensatz konstruiert, stellt man die notwenige Kooperation von staatlicher Regulationsmöglichkeit und Zivilgesellschaft in ein falsches Licht und schwächt den Kampf gegen demokratieschädliche marktgesellschaftliche Bestrebungen hegemonialer Formationen (ebd.S.27). Es geht eben gegenwärtig nicht darum, dass der Staat wegen der „Blindheit des Marktes" gegenüber allen „Gemeinwohl- und Langfristinteressen" „im Interesse der Systemstabilisierung einen sozial- und umweltverträglichen Korridor" vorgibt, innerhalb dessen der Markt wirken kann (ebd.S.28). Vielmehr gilt es, dem Staat überhaupt die Möglichkeit zu erhalten bzw. wieder zu geben, einen solchen Korridor zu schaffen, wobei der zivilgesellschaftlichen Komponente eine herausragende Bedeutung zukommt.

1 „Wir müssen jedoch die zivilgesellschaftlichen Basiskräfte und die Zivilgesellschaft stärker einbeziehen, die sich jetzt herausgebildet haben und unsere Gesprächspartner sein wollen. Wir müssen unsere Beschlussfassungsverfahren stärker öffnen. Wir müssen den Dialog mit unseren Bürgern intensivieren. ... Das Europa, wie ich es mir vorstelle, ist ein soziales Europa, ein Europa der Bürger, das der Welt als Vorbild dient weil es Schutz bietet und in der Lage ist, auch in den aufstrebenden Ländern für Wohlstand und Wachstum zum sorgen." (Romano Prodi, EU Kommissionspräsident, anlässlich des G-7-Gipfeltreffens in Genua, a.a.O.)

Wie in den einzelnen Kapiteln ausgeführt wurde, sind die gesellschaftlichen Bedingungen zur Durchsetzung zivilgesellschaflicher Elemente dank der besseren Möglichkeiten gegenseitigen Informationsaustausches und der Stärkung des europäischen Elements im globalen Konzert günstiger geworden. Die Gunst der Geschichte bedarf jedoch des beherzten Zugriffs, um nicht vertan zu werden.

11. Literaturverzeichnis

Abschlussbericht „Arbeit und Ökologie" des Verbundprojekts des Deutschen Instituts für Wirtschaftsforschung, des Wuppertaler Instituts für Klima, Umwelt, Energie und des Wissenschaftszentrums Berlin für Sozialforschung, gefördert von der Hans-Böckler-Stiftung, April 2000.

Altvater, Elmar/Mahnkopf, Birgit, In der „new economy" ist nicht alles Gold, was glänzt, WSI-Mitteilungen der Hans-Böckler-Stiftung, 12/2000, Frankfurter Rundschau, 14.12.2000.

Assheuer, Thomas, Rechte Gewalt und Neue Mitte. Die Sehnsucht des Bürgers nach symbolischer Autorität und seine Gedankenflucht vor dem Rechtsradikalismus, in: Die Zeit, 31.08.2000.

Bach, Ingo, Leerformeln über die Zukunft der Arbeit? Soziologen und Ökonomen denken über Nachhaltigkeit nach, in: Tagesspiegel, 20.11.2000.

Beck, Ulrich, Mehr Zivilcourage bitte. Ein Vorschlag an die Adresse *Gerhard Schröders*: Wir brauchen eine Gesellschaft engagierter Individuen, in: Die Zeit, 25.05.2000.

Benhabib, Seyla, Modelle des öffentlichen Raums: *Hannah Arendt*, die liberale Tradition und *Jürgen Habermas*, S. 156.

Bernbach, Udo, Plädoyer für eine ungeteilte Öffentlichkeit, in: *Gerhard Göhler*, Macht der Öffentlichkeit - Öffentlichkeit der Macht, Baden-Baden 1995, S. 29.

Blanke, Thomas/Schumann, Michael, Arbeit in der zivilen Gesellschaft, in: Die Zeit, 23.11.2000.

Blair, Tony/Kok, Wim/Person, Göran/Schröder, Gerhard, Ein neues Sozialmodell - Europas Beitrag zum Fortschritt im 21. Jahrhundert, in: Die Zeit, 07.09.2000.

Bluestone, Barry, Wundersame Kehrtwende zu neuem Wohlstand. Das Wall-Street-Modell: Grundlage des US-amerikanischen Wachstumserfolgs? ... in: Frankfurter Rundschau, 06.10.1999.

Böckenförde, Ernst-Wolfgang, Die Entstehung des Staates als Vorgang der Säkularisation, in: ders., Recht, Staat, Freiheit. Studien zur Rechtsphilosophie, Staatstheorie und Verfassungsgeschichte, Frankfurt am Main, 1992.

Bosch, Gerhard, Was tun, wenn einfache Arbeit in der Industrie abnimmt? - Niedriglöhne oder Innovation: Überlegungen zur Zukunft der Erwerbsarbeit, in: Frankfurter Rundschau, 09.02. 2000.

Bourdieu, Pierre, Die Intellektuellen und die Macht, Frankfurt/M, 1991.

Brand, Ulrich, Der aktive Konsens der Regierten. Diesseits von Staat und Politik: Zur Debatte über die Rolle der NGOs in der globalen Zivilgesellschaft, in: Frankfurter Rundschau, 12.12. 2000.

Brand, Ulrich, Mit dem Staat gegen die neoliberale Ökonomie? Nicht bloß eine Frage der Kooperation: die Debatte um „Global Governance", in: Frankfurter Rundschau, 28.03.2000.

Broockmann, Hiltrud, Globalisierung ist nicht die Einbahnstraße der Unternehmer. Eine Stellungnahme des Ökumenisch-Sozialethischen Arbeitskreises zur Reform des Betriebsverfassungsgesetzes, in: Frankfurter Rundschau, 19.06.2001.

Brunkhorst, Hauke, Demokratie und Differenz: Egalitärer Individualismus, Frankfurt/M, 1994.

Bruns, Tissy, Eine Andeutung von Schwung. Mehr direkte Demokratie: Die SPD macht sich daran, die Koalitionsvereinbarung mit Leben zu füllen, in: Tagesspiegel, 22.02.2001.

Bryde, Brun-Otto, Das Demokratieprinzip als Optimierungsaufgabe. Unzeitgemäß: Die monistische Auslegung des Grundgesetzes hemmt die politische Entwicklung, in: Frankfurter Rundschau, 17.10.2000.

Clement, Wolfgang/Bulmahn, Edelgard/Stolpe, Manfred/Behler, Gabriele/Zöllner, Jürgen/Lemke, Willi, Bildung entscheidet über unsere Zukunft. Für eine neue Bildungsinitiative. Berlin, 17.01.2000.

Cohen, Jean L./Arato, Andrew, Civil Society and Political Theory, Massachusetts Institute of Technology, 1992.

d'Arcais, Paolo Flores, Philosophie und Engagement, in: Frankfurter Rundschau, 16.05.1995.

Gründungsaufruf, Der, Mit ihnen zieht die neue Zeit. Sozialdemokratinnen und Sozialdemokraten der jüngeren Generation starten eine Initiative „Netzwerk 2010", in: Frankfurter Rundschau, 02.06.2001.

Dettling, Warnfried, Politik und Lebenswelt. Vom Wohlfahrtsstaat zur Wohlfahrtsgesellschaft, Gütersloh, 1995.

De Weck, Roger, Der Manager-Wahn. Wenn Wirtschaftsführer nicht führen, sondern spielen, in: Die Zeit, 13.04.2000.

Die Berlinstudie - Strategien für die Stadt, Hrsg. vom Regierenden Bürgermeister von Berlin, Berlin 2001.

Dörre, Klaus, Globalisierung - Ende des rheinischen Kapitalismus? in: *Heitmeyer Wilhelm/Loch, Dietmar,* Schattenseiten der Globalisierung, Frankfurt/M. 2001, S. 63.

Dreyhaupt, Jacqueline, Flugzeuge bremsen schneller. Warum ist der Internet-Branche die Luft ausgegangen? Ein Wirtschaftsjournalist der Business Week gibt Antworten darauf, in: Tagesspiegel, 16.06.2001.

Dubiel, Helmut, Warum ist das Anrufen der Zivilgesellschaft so beliebt? Über die bewussten und unbewussten Unbestimmtheiten eines modernen Begriffs, in: Frankfurter Rundschau, 23.06. 2001.

Ehrke, Michael, Der Dritte Weg und die europäische Sozialdemokratie. Ein politisches Programm für die Informationsgesellschaft? Friedrich-Ebert-Stiftung, Bonn, 1999.

Elias, Norbert, Über den Prozess der Zivilisation, Frankfurt am Main, 1978, Bd. 1.

Esser, Josef/Felhölter, Guido/Noppe, Ronald, Wider den neoliberalen Angriff auf das Gemeinwohl, in: Frankfurter Rundschau, 16.12. 1999.

Esser, Josef, Der kooperative Nationalstaat im Zeitalter der „Globalisierung", in: *Dietherr Döring* (Hrsg.), Sozialstaat in der Globalisierung, Frankfurt/M., 1999, S. 117.

Fischermann, Thomas, Giganten ohne Heimat. Schlank und vernetzt: Moderne Multis errichten eine weltweite Planwirtschaft, in: Die Zeit, 15.06.2000.

Fischermann, Thomas, Eine Kritik der Globalisierungskritik, in: Die Zeit, 19.07. 2001.

Fischermann, Thomas, Totentanz und Tortenwurf. Die Macht der Multis provoziert Widerstand. Besuche bei Konzerngegnern, in: Die Zeit, 07.09.2000.

Flassbeck, Heiner, Strukturelle Inflexibilität am Arbeitsmarkt in Deutschland? Der Flächentarifvertrag, Investitionen und die Abwanderung von Kapital in Niedriglohnländer aus neoklassischer und schumpeterianischer Sicht - Ein Thesenpapier für die Jahrestagung der Otto Brenner Stiftung am 09.11.2000, Berlin.

Forschungsinstitut der Friedrich-Ebert-Stiftung (Abt. Arbeits- und Sozialforschung), Globalisierung und nationale Sozialpolitik - Internationale Fachtagung -, Bonn, 1998.

Forschungsschwerpunkt Technik - Arbeit - Umwelt, Ein Testfall ohne Beispiel. Shareholder Value, Corporate Governance, Mannesmann, in: WZB-Mitteilungen, 88´6/2000, S.6-9.

Frankenberg, Günter, Die Verfassung der Republik - Autorität und Zivilgesellschaft, Frankfurt/M, 1997.

Frankenberg, Günter, Die andere Seite der Demokratie. Abschied von der Illusion staatlicher Steuerung. Selbstregulierung als offener Prozess, in: Frankfurter Rundschau, 07.11.2000.

Fraser, Nancy, Was ist gerecht? Früher, in der Fabrikgesellschaft, war die Sache klar: Es ging um die Arbeit. Und Gerechtigkeit hieß: Umverteilung. Heute, in der Wissensgesellschaft, ist die Sache interessanter. Gerechtigkeit heißt Anerkennung. Und mehr, in: Tagesspiegel, 05.05.2001.

Freeman, R./Schettkat, R., Die Löhne sind nicht zu hoch. Arbeitslosigkeit hat andere Gründe, in: Die Zeit, 17.05.2001.

Frese, Alfons, Aus 5000 Mitarbeitern werden Unternehmer. Mit dem Projekt „5000 mal 5000" will VW die Arbeitsorganisation revolutionieren/Die IG-Metall unter Druck, in: Tagesspiegel, 18.06.2001.

Frost, Rainer, Kontexte der Gerechtigkeit, Frankfurt/M 1994.

Gamillscheg, Hannes, Lebenslanges Lernen als Staatsaufgabe. Aus Dänemark kommen zum neuen Jahr pragmatische Antworten zur beruflichen Fort- und Weiterbildung, in: Frankfurter Rundschau, 28.12.2000.

Galbraith, John Kenneth/von Barloewen, Constantin, „Die 'Titanic' war einmal ein Schiff..." - John Kenneth Galbraith im Gespräch mit Constatin von Barloewen über Wirtschaft, Anthropologie und das Leben, in: ARTE und ORF, Visionen des Milleniums, bearbeitet und ins Deutsche übertragen von Jochen Winter, abgedruckt in: Frankfurter Rundschau, 26.01.2000.

Galtung, Johan, Gewalt, Frieden und Friedensforschung, in: *Senghaas, D.* (Hrsg.), Kritische Friedensforschung, Frankfurt/M. 1971, S. 55-104.

Galtung, Johan, Der besondere Beitrag der Friedensforschung zum Studium der Gewalt: Typologien, in: *Röttgers, K./Saner, H.* (Hrsg.), Gewalt, Grundlagenprobleme in der Diskussion der Gewaltphänomene, Basel/Stuttgart, 1978, S. 9-32.

Geissler, Birgit, Unabhängige Gründer oder neues Proletariat? in: Frankfurter Rundschau, 20./21.04.2000.

Gerster, Florian, Arbeit muss sich lohnen. Das Mainzer Modellprojekt zeigt, wie auch einfache Tätigkeiten für Arbeitnehmer finanziell attraktiv gemacht werden können, in: Frankfurter Rundschau, 03.05.2001.

Giddens, Anthony, Konsequenzen der Moderne, Frankfurt/M, 1995.

Goerdeler, Carl D., Kalter Wind. In Brasilien trieben ausländische Konzerne einheimische Konzerne in den Ruin, in: Die Zeit, 10.08.2000.

Göhler, Gerhard, Macht der Öffentlichkeit - Öffentlichkeit der Macht, Baden-Baden, 1995.

Greven, Michael Th., Macht in der Öffentlichkeit der Demokratie, in: *Gerhard Göhler,* Macht der Öffentlichkeit - Öffentlichkeit der Macht, Baden-Baden, 1995.

Groß, Thomas, Die Legitimität staatlicher Herrschaft - Theorienstreit: die monistische und die pluralistische Interpretation des Demokratieprinzips, in: Frankfurter Rundschau, 11.07.2000.

Grundwertekommission beim SPD-Parteivorstand, „Dritte Wege - Neue Mitte". Sozialdemokratische Markierungen für Reformpolitik im Zeitalter der Globalisierung, Auszüge aus dem dritten Kapitel, in: Frankfurter Rundschau, 16.09.1999.

Habermas, Jürgen, Strukturwandel der Öffentlichkeit. Untersuchungen zu einer Kategorie der burgerlichen Gesellschaft, Frankfurt am Main, 1990.

Häberle, Peter/Schwarze, Jürgen/Graf Vitzhum, Wolfgang (Hrsg.), Der Staat als Teil und als Ganzes, Baden-Baden, 1998.

Hank, Rainer, Mit Risiko leben, in: Tagesspiegel, 04.03.2001.

Hartz, Peter, „Unser Modell wird die Aktionäre von Volkswagen und Arbeitslose freuen". VW-Personalvorstand Peter Hartz wirbt für sein neues Tarifkonzept, längere Verweilzeiten und für die Mitbestimmung, in: Frankfurter Rundschau, 15.05.2001.

Hassemer, Winfried, Wenn Menschen zu Lasten der Freiheit auf Sicherheit setzen. Über den Verlust der Privatheit und die Aufgabe des Staates, in: Frankfurter Rundschau, 13.07.2001.

Hauer, Nina/Heil, Hubertus/Lange, Christian/Matschie, Christoph, Beschäftigungspolitik ist vor allem Wachstumspolitik, Frankfurter Rundschau, 24.07.2001.

Held, David, Jenseits des Dritten Weges, in: Die Zeit, 13.01.2000.

Hegel, Georg Wilhelm, Friedrich, Phänomenologie des Geistes, Frankfurt/M, 1973.

Hengsbach, Friedhelm, Ein erweiterter Gesellschaftsvertrag im Schatten der Globalisierung, in: *Diether Döring* (Hrsg.), Sozialstaat in der Globalisierung, Frankfurt am Main, 1999, S.71.f.

Hennig, Eike, Was leistet das Konzept der „strukturellen Gewalt"? in: *Wilhelm Heitmeyer, Kurt Möller, Heinz Sünker* (Hrsg.), Jugend - Staat - Gewalt ..., Weinheim und München, 1989, S.57-79.

Herranen, Renate, Interkulturelle Erziehung in der Kita, in: Berliner Lehrerzeitung (blz), 7-8/2001.

Heuser, Jean/von Randow, Gero, Die guten alten Zeiten, in: Die Zeit, 16.09.1999.

Heuser, Jean, Armer Homo oeconomicus. Die Wirtschaft wird hektisch und allgegenwärtig. Dafür ist der Mensch nicht geschaffen. Er wird sich zu wehren wissen, in: Die Zeit, 25.02.1999.

Heuskel, Dieter, „Lasst euch nicht vom Kapitalmarkt verführen", in: Tagesspiegel, 05.06.2001.

Hildebrandt, Reinhard, Die deutsche Frage als Problem inner- wie zwischengesellschaftlicher Machtverteilung (noch unveröffentlichte Habilitationsschrift).

Hildebrandt, Reinhard, Wie die USA weltweit Krisenherde zu ihren Gunsten nutzen. Zwischen Kooperation und Rivalität: Was der Kosovo-Konflikt die Europäer im Umgang mit den Amerikanern lehrt, in: Frankfurter Rundschau, 05.08.1999.

Hirsch-Kreinsen, Hartmut, Arbeitskraft-Unternehmer und Tagelöhner. Anmerkungen zum Strukturwandel der Arbeitswelt unter den Bedingungen der Globalisierung, in: Frankfurter Rundschau, 14.11.2000.

Hirsch, Michael, Der Staat als Kirche. Zum politisch-theologischen Komplex der Moderne, in: Junges Forum Rechtsphilosophie, 9. Tagung vom 27.04.-29.04.2001. Staat der Zukunft, Berlin, S.19-20.

Hochschulen für das 21. Jahrhundert zwischen Staat, Markt und Eigenverantwortung - ein hochschulpolitisches Memorandum im Rahmen der „Initiative D21" unter Federführung der Daimler Chrysler Services (DEBIS), 1999.

Höhn, Hilmar, Sozialstaat in der Krise: Die Kluft zwischen Arm und Reich wird immer größer ..., in: Frankfurter Rundschau, 03.06.2000.

Hoffacker, Werner, Am Parlament vorbei. Die neuen Organisations- und Steuerungsmodelle für die Universitäten verschieben die Machtbalance, in: Frankfurter Rundschau, 15.02.2001.

Hohmann-Dennhardt, Christine, Die neue demokratische Frage. Über Legitimationsgrundlagen staatlichen Handelns in einer veränderten Welt, in: Frankfurter Rundschau, 24.10.2000.

Jahresgutachten 1965/66, Stabilisierung ohne Stagnation, Stuttgart 1965.

Keller, Claudia, Wissen ist Macht. Ein Kongress der Heinrich-Böll-Stiftung suchte nach Wegen in die „Wissensgesellschaft", in: Tagesspiegel, 07.05.2001.

Kempe, Martin, Eins, zwei, drei - Die Arbeit am Fließband war überholt. Seit den siebziger Jahren galt sie als inhuman und unproduktiv. Nun kehren Autohersteller zum kurzen Takt zurück, Dienstleistungsbetriebe installieren ihn. In: Tagesspiegel, 28.05.2000.

Kläsgen, Michael, Es geht auch ohne Brüssel. Der EU fehlt eine Unternehmens-Rechtsreform. Airbus-Bauer EADS muss improvisieren, in: Die Zeit, 12.07.2001.

Kleff, Sanem, Erziehung, Bildung und Sprachen, in: Berliner Lehrerzeitung (blz), 7-8/2001.

Kluge, Norbert, Was aber kommt nach dem jungen Glück? Mitbestimmungspraxis und Mitbestimmungsbedarf in der „New Economy", in: Frankfurter Rundschau, 11.04.2001.

Kocyba, Hermann, Das aktivierte Subjekt. Mit post-tayloristischen Formen der Arbeit ändert sich auch die moderne Berufsidee, in: Frankfurter Rundschau, 28.09. 2000.

König, Johann-Günther, Märkte haben bekanntlich kein sozialdemokratisches Gewissen. Der Dritte Weg - ein Abstellgleis mit Anschluss an Weltkonzerne? In: Frankfurter Rundschau, 25. 05.2000.,

Krönig, Jürgen, Insel der Katastrophen. Die Lehren der Eisernen Lady haben ausgedient. Jetzt merkt es auch Tony Blair, in: Die Zeit, 08.03.2001.

Krüger, Helga, Ein expandierender Arbeitsmarkt mit sieben Siegeln, in: Frankfurter Rundschau, 16.02.2000.

Kubarych, Roger M., Schief verteilt. Nie zuvor waren die USA so abhängig von den Aktienmärkten, in: Die Zeit, 19.04.2000.

Kühl, Jürgen, Finanzierung der Arbeitsmarktpolitik, in: *Horst Schmitthenner* (Hrsg.), Der „schlanke" Staat, Hamburg, 1995.

Kuhlmann, Martin/Schumann, Michael, Perspektiven der Arbeit, WSI-Mitteilungen der Hans-Böckler-Stiftung, 1/2000.

Laclau, Ernesto/Mouffe, Chantal, Hegemonie und radikale Demokratie, Wien, 1991.

Limbach, Jutta, Der Staat darf sich nicht das Kleid des Nachtwächterstaates anlegen, in: Frankfurter Rundschau, 14.01.2000.

Luhmann, Niklas, Macht, Stuttgart, 1988.

Luttwak, Edward, „Wenige Gewinner, viele Verlierer". Der US-Ökonom *Edward Luttwak* über den globalen Vormarsch des Turbo-Kapitalismus - und über *Gerhard Schröder* und *Tony Blair*, in: Die Zeit, 09.12.1999.

Machnig, Matthias, Auf dem Weg zur Netzwerkpartei. Die Neuausrichtung der Sozialdemokratie: Ein Anstoß von Bundesgeschäftsführer *Matthias Machnig*, in: Frankfurter Rundschau, 15. 02.2001.

Manow, Philip, Mehr Schweden für Deutschland. Gleichheit und Wachstum schließen sich nicht aus. Doch dann muss die Sicherheit leiden, in: Tagesspiegel, 13.06. 2000.

Margalit, Avishai, Politik der Würde - Über Achtung und Verachtung, Frankfurt/M, 1999.

Maron, Thomas, „5000 x 5000" ist keine ganz einfache Rechnung. Harte Fronten beim Thema Arbeitszeit zwischen IG-Metall und VW, in: Frankfurter Rundschau, 21.05.2001.

Marschall, Birgit, OECD-Verhaltenskodex für multinationale Unternehmen vor dem Scheitern, in: Financial Times Deutschland, 27.06.2000.

Mattauch, Christine, Vom Flugblatt zur E-Mail. In der Start-up-Szene gelten Tarifverträge und Arbeitskämpfe als überholt, in: Die Zeit, 15.03.2001.

Meng, Richard, Experten setzen sich für Bildungsanspruch von Vorschulkindern ein. Gutachten der Böckler-Stiftung: Fünfjährige sind „ungeheuer lernbereit"/Qualitätswettbewerb der Tagesstätten angeregt, in: Frankfurter Rundschau, 20.06.2001.

Metzger, Oswald, Weniger Staat ist mehr, in: Die Zeit, 21.10.1999.

Meyer, Meinert A., Didaktik für das Gymnasium, Grundlagen und Perspektiven, Berlin, 2000.

Mielke, Gerd, Sozialdemokratie und Bürgergesellschaft, in: Blätter für deutsche und internationale Politik, 6'01, Bonn 2001.

Miller, Scott, VW - Teure Arbeitsplätze, magere Renditen, in: Tagesspiegel, 18.12.2000.

Misik, Robert, Wohlstand für alle. Die Neoliberalen fordern mehr Ungleichheit - und produzieren um so mehr Ungerechtigkeit, in: Tagesspiegel, 04.05.2000.

Müller-Jentsch, Walther, Mitbestimmung als Bürgerrecht, in: Frankfurter Rundschau, 19.12.2000.

Müller, Mario, Kampf der Finanzsysteme - Zweifel am Modellcharakter der USA wachsen, in: Frankfurter Rundschau, 11.11.2000.

Müller, Mario, US-Kapitalismus kommt durch die kalte Küche. Mit ihrer Rentenreform rüttelt die Bundesregierung an den Grundfesten des Finanzsystems, in: Frankfurter Rundschau, 09.03. 2001.

Müller, Michael, Gibt es noch einen dritten Weg? Ein Kapitalismus ohne Gesicht und Grenzen stellt die Frage nach der Zukunft der europäischen Gesellschaft und der sozialen Demokratie, in: Frankfurter Rundschau, 09.08.1999.

Müller, Michael, Der Autismus der Gesellschaft. Die Demontage des Sozialen ist die Krankheit unserer Zeit - Plädoyer für die Neubelebung der Kritischen Theorie, in: Frankfurter Rundschau, 31.03.2001.

Müller, Michael, Gerd, mehr Demokratie wagen! In: Die Zeit, 07.09.2000.

Müller, Peter, Versteckter Sprengsatz. Beim Streit über das Pilotprojekt bei VW geht es um mehr als 5000 Arbeitsplätze. Auf dem Spiel steht die künftige Tarifpolitik der IG-Metall, in: Die Zeit, 05.07.2001.

Münkler, Herfried, Politische Tugend. Bedarf die Demokratie einer sozio-moralischen Grundlage? In: ders. (Hrsgb.), Die Chancen der Freiheit. Grundprobleme der Demokratie. Festschrift für *I. Fetscher*, München, 1992, S. 25-64.

Münkler, Herfried, Selbstbindung und Selbstverpflichtung. Gemeinwohl, Bürgerschaft und Republik - eine Ortsbestimmung in zivilgesellschaftlicher Absicht, in: Frankfurter Rundschau, 16.01. 2001.

Müntefering, Franz/Machnig, Matthias (Hrsg.), Sicherheit im Wandel, Berlin 2001.

Naschold, Frieder, Ergebnissteuerung, Wettbewerb, Qualitätspolitik - Entwicklungspfade des öffentlichen Sektors in Europa, Kurzfassung, in: Mitteilungen des Wissenschaftszentrums Berlin, Heft 69, Sept. 1995, S. 8-10.

Neves, Marcelo, Zwischen Themis und Leviathan: Eine schwierige Beziehung. Eine Rekonstruktion des demokratische Rechtsstaates in Auseinandersetzung mit *Luhmann* und *Habermas,* Baden-Baden, 2000.

Nida-Rümelin, Julian, Demokratie als Kooperation, Frankfurt/M, 1999.

Offe, Claus, Wenn das Vertrauen fehlt. Demokratisierung ist nicht genug: Warum die Institutionen vor allem das politische Misstrauen der Staatsbürger entkräften müssen, in: Die Zeit, 09.12. 1999.

Ostermann, Dietmar, Die neuen Götter sitzen nicht im Weißen Haus, in: Frankfurter Rundschau, 31.07.2000.

Perger, Werner A., Der dritte Weg. Europas Linke sucht nach der großen Botschaft. Auch rechts, in: Die Zeit, 11.03.1999.

Pfaff, William, For Latin America, Globalization Has Not Been Paying Off, in: International Herald Tribune, 31.08.2000.

Priddat, Birger P., Ideen statt Ideologie. Die Wirtschaftswissenschaft muss sich ändern, in: Die Zeit, 11.01.2001.

Priddat, Birger P., Politik im Cyberspace. Zu den Chancen der Zivilgesellschaft im Zeitalter der digitalen Kommunikation - ein Entwurf, in: Frankfurter Rundschau, 30.01.2001.

Prodi, Romano, „Wir müssen das Regieren reformieren". Ein Plädoyer für die soziale Beherrschung der Globalisierung, in: Frankfurter Rundschau, 20.7.01.

Reindl, Josef, Über Schein oder Sein der Selbständigen. Mit der gesetzlichen Regelung gegen die „modernen Tagelöhner" wurde „sozialpolitisches Neuland" falsch betreten, in: Frankfurter Rundschau, 28.04.2001.

Riffkin, Jeremy, „Die richtigen Antworten kommen aus Europa". Der amerikanische Ökonom sieht für die Beschäftigungspolitik der USA keine Zukunft, in: Tagesspiegel, 27.02.1999.

Rohwetter, Marcus, Die Herren des Geldes. Fondsmanager bewegen gewaltige Summen. Ihre Macht wächst, in: Die Zeit, 02.11.2000.

Rorty, Richard, Sieben Dollar sind zu wenig, in: Frankfurter Rundschau, 01.08. 2000.

Sassen, Saskia, The Global City, New York, London, Tokyo. Princeton 1991

Sassen, Saskia, Cities in a Word Economy. Thousand Oaks. 1994.

Sassen, Saskia, Gewerkschaftliche Monatshefte, Nr.7-8, 1999.

Sassen, Saskia, Früher dachten einige Konzernchefs ..., in: *Thomas Fischermann,* Totentanz und Tortenwurf - Die Macht der Multis provoziert Widerstand. Besuche bei Konzerngegnern, in: Die Zeit, 07.09.2000.

Schäfers, Bernhard, Auf der Suche nach einer neuen großen Idee. Der Dritte Weg oder: Zur Diskussion von politischer Planung in der Bundesrepublik Deutschland, in: Frankfurter Rundschau. 15.10.1999.

Scharpf, Fritz W., Der globale Sozialstaat. Umfangreiche Sicherungssysteme schaden nicht der Wettbewerbsfähigkeit - vorausgesetzt, sie werden überwiegend steuerfinanziert, in: Die Zeit, 08.06.2000.

Scheithauer, Ingrid, Den Rundfunk in die Selbständigkeit entlassen. Ministerpräsidentin *Heide Simonis* will gebotene Staatsferne der öffentlich-rechtlichen Sender praktikabel machen, in: Frankfurter Rundschau, 09.07.2001.

Scherrer, Christoph, Kann den Konzernen Benimm beigebracht werden? Über die Bedeutung von freiwilligen Kodizes für das Verhalten von Unternehmen im Welthandel, in: Frankfurter Rundschau, 26.11.1999.

Schiller, Dan, Das Netz verkommt zum Kiosk. Internet-Guru Dan Schiller aus Kalifornien fordert: Jetzt muss die Politik das World Wide Web retten! In: Die Zeit, 15.03.2001.

Schrader, Ralph, Blairs Guru auf Abwegen. *Antony Giddens* weicht vorsichtig vom Dritten Weg ab, in: Frankfurter Rundschau, 27.07.2000.

Schröder, Wolfgang, Traum oder Albtraum? Die Zukunftsdebatten in der Industriegewerkschaft Metall und ihre Rückwirkungen in die Organisation, in: Neue Gesellschaft - Frankfurter Hefte, Bonn, 6/2001.

Schott-Winterer/Riede, Der Begriff Dienstleistung - oft benutzt, aber wenig geklärt, 1986.

Schumann, Michael/Blanke, Thomas, Arbeit in der zivilen Gesellschaft, in: Die Zeit, 23.11.2000.

Schweickart, Nikolaus, Der getriebene Chef. Shareholder-Value überall - das US-Modell setzt sich durch. Ständig müssen sich die Unternehmer vor Analysten und Aktionären rechtfertigen: Spitzenmanager *Nikolaus Schweickart* über die Nöte in den Vorstandsetagen, in: Die Zeit, 10.05. 2001.

Seidenstücker, Ralf, Letztlich kommt es doch immer wieder auf die Menschen an - Was hinter dem Schlagwort vom Wissensmanagement steckt, in: Beilage zur Frankfurter Rundschau, 24.02. 2000.

Senghaas, D., Gewalt-Konflikt-Frieden, Hamburg, 1974.

Sennett, Richard, Der charakterlose Kapitalismus, in: Die Zeit, 26.11.1998.

Simonis, Heide, Die Party mit sich selbst. Oder: Wo bleiben in der Wissensgesellschaft das „soziale Kapital" und die Chancengleichheit?/Sieben Vorschläge, in: Frankfurter Rundschau, 07. 07.2001.

Smouts, Marie-Claude (Hrsg.), Les Nouvelles Relations Internationales, Paris, 1999.

Spiewak, Martin, Flucht der Forscher. Die besten deutschen Wissenschaftlicher arbeiten in Amerika. Bildungsministerin *Bulmahn* will sie zurück locken. Werden sie kommen? Eine Reise ins Exil, in: Die Zeit, 17.05.2001.

Spiewak, Martin, Von Dogma zu Dogma. 12 oder 13 Schuljahre? Das ist die falsche Frage, in: Die Zeit, 19.07.2001.

Springer, Roland, Keine Ende der Gruppenarbeit - Weltmarktkonkurrenz und arbeitspolitische Perspektiven in der Automobilindustrie, in: Frankfurter Rundschau, 26.01.2000.

Stange, Eva-Maria, Chancenungleichheit in der Bildung überwinden, in: Bundeskonferenz der Arbeitsgemeinschaft für Bildung in der SPD, Düsseldorf, 17./18. 03.2000.

Steinbrügge, Lieselotte, Von Stanford träumen. Die deutschen Universitäten müssen reformiert werden: Darin sind sich alle einig. Viele Professoren und Uni-Präsidenten schwärmen von dem US-System - allerdings stets nur von dem Teil, der eigenen Interessen nutzt, in: Tagesspiegel, 26.05. 2001.

Sterzel, Dieter, Dogmatisiertes Verfassungsverständnis. Der Zweite Senat des Bundesverfassungsgerichts widersetzt sich dem Ausbau der Mitwirkungsrechte, in: Frankfurter Rundschau, 05.09. 2000.

Strasser, Johano, Allen gegenwärtigen Trends zum Trotz, in: Frankfurter Rundschau, 20.08.1999.

Straßheim, Holger, Der Ruf der Sirenen - Zur Dynamik politischen Benchmarkings. Eine Analyse anhand der US-Sozialreformen, in: WZB-Forschung, 74, Mai 2001, S. 13.

Streeck, Wolfgang, Einleitung des Herausgebers. Staat und Verbände: Neue Fragen. Neue Antworten? In: ders. (Hrsg.), Staat und Verbände, Politische Vierteljahresschrift, SH 25, 1994, S. 7-37.

Streeck, Wolfgang, „Mitbestimmung ist relativ kostengünstig", in: Tagesspiegel, 13.02.2001.

Suchsland, Rüdiger, Am runden Tisch - Über die Wiederaneignung des Gemeinwohls durch die politische Theorie, in: Frankfurter Rundschau, 26.01.2000.

Teubner, Gunther, Das Recht der globalen Zivilgesellschaft, in: Frankfurter Rundschau, 31.10. 2000.

Tilly, Charles, War Making and State Making as Organized Crime, Cambridge, Mass., 1985.

Touraine, Alain, Loblied auf die Zivilgesellschaft, in: Die Zeit, 02.12.1999.

Trechow, Peter, Nachrichten-Dürre. US-Projekt Censored sammelt unterdrückte Recherchen, in: Frankfurter Rundschau, 13./14. 06. 2001.

Uchatius, Wolfgang, Wie schlau sind Kapitalisten? Der Internationale Währungsfonds hat kein Konzept gegen Finanzkrisen, in: Die Zeit, 13.04.2000.

Uchatius, Wolfgang, Konzerne gegen Nationen. Die Macht der Multis wächst - müssen globale Kartellwächter den Wettbewerb schützen? In: Die Zeit, 13.07.2000.

Uchatius, Wolfgang, Das Neuseeland-Experiment. ... in: Die Zeit, 20.12.2000.

Uchatius, Wolfgang, Henry und Ginger müssen sparen. Amerika rutscht in die Rezession. Oder doch nicht? Das hängt jetzt von den Verbrauchern ab, in: Die Zeit, 08.02.2001.

Ueltzhöffer, Jörg/Ascheberg, Carsten, Engagement in der Bürgergesellschaft. Die Geislingen-Studie, Stuttgart 1996.

Ulrich, Otto, Abschied vom privaten Leben. Das Internet bedroht die bürgerliche Demokratie. Die Politik unterschätzt das Problem, in: Die Zeit, 14.09.2000.

Veser, Thomas, Know-how für die Grauzone zwischen Staat und Wirtschaft, in: Tagesspiegel, 08.07.2001.

Villiez, Carola von, Vom Nationalstaat zu globaler Gerechtigkeit, in: Junges Forum Rechtsphilosophie, 9. Tagung vom 27.04.-29.04.2001. Staat der Zukunft, Berlin, S. 21-27.

Wahl, Rainer, Quo vadis Bundesverfassungsgericht? in: Frankfurter Rundschau, 30.06.1993.

Walther Rudolf, Aufklärung, Untergang, Fortschritt, Verfall - Der leere Streit um die Logik der Zivilisation, in: Frankfurter Rundschau, 07.05.1994.

Walter, Franz, Die Bürgergesellschaft - eine süße Utopie. Über die großen Erzählungen und die zu hohen Erwartungen, in: Frankfurter Rundschau, 14.07.2001.

Weiler, Hans N., „Die Wirtschaft muss mehr Einfluss nehmen", in: Tagesspiegel, 02.07.2001.

Werber, Niels, Wenn Quotenblütenträume platzen. Ökonomie der Zerstreuung. Sektorierung der Öffentlichkeit, bejammert und bejubelt, in: Frankfurter Rundschau, 17.11.2000.

Wiedeking, Wendelin, „Nicht alles so machen wie die Amerikaner". Porsche-Chef *Wendelin Wiedeking* führt einen einsamen Kampf gegen die Börse. Er denkt langfristig, verweigert kurzfristige Erfolgsmeldungen - ein Zeitgespräch, in: Die Zeit, 12.07.2001.

Willke, Helmut, Die Ordnung der Diversität. Politik auf dem Weg vom Nationalstaat zum transnationalen Steuerungsregime, in: Frankfurter Rundschau, 20.02. 2001.

Winter, Martin, USA im Boom - ein fast religiös anmutender Kaufrausch beflügelt die Wirtschaft. ... in: Frankfurter Rundschau, 20.03.1999.

Zank, Wolfgang, Das Jahrhundert der Konvergenz. Der Kapitalismus ist weltweit nur deshalb so erfolgreich, weil er sich vom Sozialstaat zähmen ließ, in: Die Zeit, 29. 12. 1999.

Zivilgesellschaft - Aufbruch in die Moderne? Tagung der Berliner SPD am 27. 09. 2000 im Abgeordnetenhaus Berlin. Moderation: *Jürgen Kocka.*

Zürn, Michael, Politische Fragmentierung als Folge der gesellschaftlichen Denationalisierung? In: *Heitmeyer, Wilhelm/Loch, Dietmar,* Schattenseiten der Globalisierung, Frankfurt/M. 2001, S.111.

Zwickel, Klaus, „Eine Chance vertan - einen Dammbruch verhindern", in: Frankfurter Rundschau, 02.07.2001.

FSC
www.fsc.org
MIX
Papier | Fördert
gute Waldnutzung
FSC® C083411

Kolibri 360 GmbH
Ferdinand-Jühlke-Straße 7
99095 Erfurt, Deutschland
produktsicherheit@kolibri360.de

Druck:
CPI Druckdienstleistungen GmbH
im Auftrag der
Kolibri 360 GmbH
Ferdinand-Jühlke-Str. 7
99095 Erfurt